미국이
진정으로
원하는 것

촘스키, 세상의 권력을 말하다
미국이 진정으로 원하는 것

지은이 | 노엄 촘스키
엮은이 | 아서 네이먼
옮긴이 | 문이얼
삽화가 | 설인호
펴낸이 | 김성실
기획편집 | 이소영 · 박성훈 · 김하현 · 김성은 · 김선미
마케팅 | 곽홍규 · 김남숙
인쇄 · 제본 | 한영문화사

초판 1쇄 인쇄 | 2013년 11월 20일
초판 1쇄 발행 | 2013년 12월 9일

펴낸곳 | 시대의창
출판등록 | 제10-1756호(1999. 5. 11.)
주소 | 121-816 서울시 마포구 연희로 19-1 4층
전화 | 편집부 (02) 335-6125, 영업부 (02) 335-6121
팩스 | (02) 325-5607
이메일 | sidaebooks@daum.net

ISBN 978-89-5940-270-0 (04300)
    978-89-5940-269-4 (전 3권)

책값은 뒤표지에 있습니다.
잘못된 책은 바꾸어드립니다.

이 도서의 국립중앙도서관 출판시도서목록(CIP)은
서지정보유통지원시스템 홈페이지(http://seoji.nl.go.kr)와
국가자료공동목록시스템(http://www.nl.go.kr/kolisnet)에서 이용하실 수 있습니다.
(CIP제어번호: CIP2013019169)

촘스키, 세상의 권력을 말하다

촘스키
CHOMSKY

미국이
진정으로
원하는 것

노엄 촘스키 지음
문이얼 옮김

시대의창

일러두기

* 이 책은 *HOW THE WORLD WORKS*(Interviewed by David Barsamian, Edited by Arthur Naiman, Soft Skull Press, Berkeley, 2011)에 수록된 *What Uncle Sam Really Wants*(Odonian Press, Berkeley, 1992)를 한국어로 옮긴 것이다.
* 본문에 달린 주는 모두 옮긴이 주이다.

보수화와 신자유주의 시대에 필요한
촘스키 텍스트의 정수

　노엄 촘스키 교수는 더는 소개가 필요 없을 만큼 국제적으로 널리 알려진 진보 학자이자 행동하는 양심적 지식인이다. 그는 미국의 제국주의적 대외 정책을 날카롭게 비판한 수많은 글과 책을 써왔는데, 그 가운데서도 이번에 다시 번역한 《미국이 진정으로 원하는 것》은 짧지만 그의 비판의 정수를 엿볼 수 있는 책이다.

　그는 이 책에서 미국이 제2차 세계대전에서 얻은 '민주주의적 국가'라는 외양을 벗겨내는 것으로부터 시작한다. 전쟁 말기 유럽에서 벌어진 각종 반파시스트 운동을 미국이 억압하는 과정은 사뭇 충격적이다. 또한 당시 식민 지배를 벗어나 독립한 한국 같은 나라가 미국의 주도로 구질서로 복귀되는 과정도 다루고 있는데, 여전히 미국의 강력한 통제하에 있는 한국의 현실을 볼 때 특히 이 부분은 가슴이 아팠다.

　무엇보다 책을 번역하면서 새삼 세상이 변했다고 느낀 것은 중남미를 통해서였다. 촘스키가 묘사한 대로 이 책이 처음 나온 20여 년 전만 해도 중남미는 미국이 자신의 이해관계에 따라 마음대로 누비는 미국의 '앞마당'이었다. 미국의 외교적 이익과 중남미에 투자하는 미국 독점 대기업들의 이익을 위해 해당 국가 민중들의 의사와 요구는 철저히 무시한 채, 각종 정치적 억압과 수탈, 정부 전복, 소름 끼치는 대량 학살을 자행하는 데 미국이 공모하고 지원한 과정을 보면 여전히 분노가 치민다. 하지만 현재 중남미는 이 책을 출간된 당시와는 180도 달라지기도 했다. 2000년을 전후로 하여 그동안 미국 주도의 IMF와 세계은행이 이끈 신자유주의적 경제 개혁의 실험실이었던 중남미 곳곳에서 좌파 경향의 정부들이 속속 들어선 것이다. 가장 대표적인 것이 올해 초 안타깝게 사망한 차베스의 베네수엘라다. 이밖에 다른 좌파 경향 중남미 정부들이 수행한 다양한 사회 개혁은 신자유주의 외엔 대안이 없다는 주류 세계의 담론이 사실이 아니라는 것을 실증해 보였으며, 이로 인해 전 세계 수많은 나라의 사회 개혁 운동가들에게 빛나는 영감을 주었다.

이 책에 기록되었듯, 이러한 변화는 중남미 각지의 수많은 사회 개혁가들이 치른 처참한 희생으로 이루어낸 것이리라.

어떤 면에선 지난 9·11테러 사건 이후로 전 세계를 대상으로 미국의 일방적 군사·외교 정책을 강요한 부시 정부가 사라진 마당에, 이 책에서 묘사된 미국의 제국주의적 대외 정책은 어느 정도 사라진 건 아닌가 싶기도 할 것이다. 하지만 국제무대에서 미국의 상대적 지위 저하에도 불구하고 민주당 오바마 정부하에서조차 제국주의적 정책은 여전하다. 탈레반을 대상으로 한 아프가니스탄과 파키스탄 국경에서의 불법적인 무인폭격기 공격과 리비아에 대한 군사개입 등이 그것이다. 그리고 이 글을 쓰는 시점에 미국은 시리아 아사드 정권에 대한 군사 공격을 검토 중이다.

한반도도 마찬가지다. 동아시아에서 중국의 부상을 견제하기 위해 미국은 아시아로의 귀환이라는 미명하에 새롭게 동아시아의 군비경쟁과 충돌을 부추기고 있다.

마지막으로 박근혜 보수 정권이 들어선 이후 미국에 대한 일방적 찬양과 미국에 대한 비판 의식을 불온시하려는 움직임이 재차 고개를 들고 있는 지금 상황에서, 미국을 다시금 냉철하게 보게 하는 촘스키의 이 책은 더더욱 필요하다. 이런 이유로 이미 지난 2008년 이명박 정권의 국방부가 이 책을 불온서적으로 규정했고, 그런 만큼 역으로 일독할 가치가 있다.

덧붙여, 이 책을 바탕 삼아 미국과 제국주의 체제를 더욱 심도 깊게 다룬 촘스키의 다른 책들을 읽어본다면 역자로서는 더없이 기쁜 일이다.

문이얼

이 책은 노엄 촘스키의 연설과 인터뷰를 집약적으로 편집한 것으로, 이를 통해 우리는 그의 주장을 온전히 이해할 수 있는 흔치 않는 기회를 얻게 되었다. 이 책에서는 촘스키의 눈부신 사상과 날카로운 통찰력을 그대로 살리면서도 그의 주장을 명확하고 이해하기 쉬운 친숙한 문체로 독자들에게 전달하고자 했다.

　이 책을 만들겠다는 착상은 촘스키가 버클리의 KPFA 라디오에 나와 애기하는 것을 듣던 중에 시작되었다(물론 이 책을 포함한 〈The Real Story Series〉의 책들이 대부분 그렇다). 듣다 보니 책을 읽었을 때보다도 말을 들을 때 그의 사상을 이해하기가 더 쉽다는 걸 알게 되었다. 그래서 그에게 편지를 보내 그가 말한 것들을 일부 편집해서 짧고 대화체로 된 책을 만들면 어떻겠느냐고 제안했다.

　촘스키는 내 제안에 동의했고, 나를 데이비드 바사미언에게 소개해주었다. 바사미언은 1986년부터 촘스키의 연설과 인터뷰를 녹음하는 일을 해왔다(그는 아직도 그 일을 하고 있다).

　바사미언이 제공한 일곱 종의 연설과 인터뷰 사본을 기초로 몇 달 동안 작업을 진행했다. 이 과정에서 다양한 주제를 두고 각기 다른 시기에 촘스키가 말한 것들을 죄다 끌어모았다. 그리고 가장 좋은 부분을 골라 수록했고, 각기 다른 시간대에 같은 주제를 가지고 얘기하느라 불가피하게 반복된 부분은 뺐다. 이것을 다시 전체적으로 일관되게 정리한 후에 결과물을 촘스키에 보내 최종 교정을 요청했다. 그는 내가 편집한 것에 추가하여 논점을 부연하거나 명확히 하여 새롭게 쓴 자료를 나에게 보내주었다.

이러한 방법으로 다음의 네 가지 종류의 책이 출판되었다.《미국이 진정으로 원하는 것^{What Uncle Sam Really Wants}》,《부유한 소수와 불안한 다수^{The Prosperous Few and the Restless Many}》,《비밀, 거짓말 그리고 민주주의^{Secrets, Lies and Democracy}》,《공공선을 위하여^{The Common Good}》. 이렇게 대화체로 이루어진 촘스키의 책들에 대한 독자들의 반응은 아주 대단했다. 네 권의 책이 모두 합해 총 59만 3천 권이나 팔렸으니 말이다.

3자가 협력하면서 책을 고민하던 초기에 나는 어떤 형식으로 책을 만들어야 가장 효과적일지 자신이 없었다. 그래서 첫 번째 책에서는 바사미언이 촘스키에게 질문을 던지는 부분 전체를 덜어냈다. 하지만, 나머지 세 권의 책에서는 이 부분들을 본문에 포함시켰다(라디오 청취자가 촘스키에게 전화로 질문하는 부분도 대부분 같은 방식으로 편집했다).

책의 내용 가운데 처음으로 언급되는 용어, 잘 알려지지 않은 사건과 인물에는 주를 달아놓았다.

이 책을 만드는 데 참고한 촘스키의 책 중 일부는 추가적인 자료들을 포함하고 있는데, 노트나 촘스키가 쓴 다른 책들의 제목, 도움이 될 만한 단체의 이름 등이 그것이다.

원래 이 책으로 편집된 대화나 인터뷰는 1990년대에 이루어졌고, 일부는 1980년대 후반 것이지만, 오늘날의 독자들이 신문이나 방송에서 읽고 들은 것보다 촘스키의 관점이 훨씬 더 통찰력이 있다는 걸 깨닫게 될 것이라 믿는다. 그가 보여준 깊이 있는 분석과 선견지명은 시간이 지날수록 더 시의적절해서, 독자들은 이 책을 읽는 동안 깜짝 놀랄 것이다. 몇 페이지만 읽어도 이 말이 틀리지 않다는 걸 알 것이다.

아서 네이먼

* 작가이자 편집인, 출판인인 아서 네이먼은 정치적 주제에 대한 책인 리얼 스토리 시리즈를 편집했다. 촘스키와 데이비드 바사미언의 대담집인 *HOW THE WORLD WORKS*를 포함한 15여 권의 책을 펴냈다.

차 례

1

미국의 외교정책

미 국무부 연구진과 외교관계협의회는
소위 '주요 지역'이란 개념을 써서
전후 세계에 대한 지배 계획을 발전시켰다.
여기서 주요 지역이란 미국의 경제적 요구에 종속되어야 할 곳을 말한다.
주요 지역은 서반구, 서유럽, 동남아시아, 이전의 대영제국,
서남아시아, 그 밖의 제3세계 국가들을 포함한다.
가능하다면 지구 전체까지도 포괄할 생각이었다.

미국의 세력권 지키기

미국과 다른 나라들과의 외교 관계는 당연히 미국 역사가 시작됐던 당시까지 거슬러 올라간다. 하지만 제2차 세계대전이 미국 외교의 실질적인 분수령이었기에 여기서는 그때부터 살펴보기로 하자.

미국의 산업 경쟁국 대부분은 제2차 세계대전을 겪으면서 국력이 크게 쇠약해지고 국토가 완전히 잿더미가 됐다. 반면 미국은 이 전쟁을 통해 엄청난 이득을 챙겼다. 미국 본토는 공격받지 않았을 뿐만 아니라, 국가의 생산량은 오히려 세 배 이상이나 늘어났다.

물론 전쟁 전에 미국은 전 세계에서 가장 발전한 산업국가였을 뿐만 아니라 20세기에 들어선 이후로도 줄곧 그래왔다. 더욱이 전쟁이 끝난 후에는 전 세계 부의 50퍼센트를 미국이 소유했으며, 태평양과 대서양의 패권을 쥐게 됐다. 한 국가가 전 세계를 그토록 압도적으로 통제하고 지배한 것은 인류 역사상 처음 있는 일이었다.

미국의 대외 정책 관계자들은 전쟁을 계기로 자국이 역사상 최초로 지구 전체를 지배하는 강대국이 되리라는 것을 잘 알고 있었다. 그래서 그들은 전쟁 중에도 그리고 전쟁 후에도 전후 세계 재편을 둘러싼 방안을 신중하게 계획했다. 미국은 정보가 개방된 사회이므로' 이제 우리는 이와 관련된 정책 기획안을 읽어볼 수 있는데, 그 내용은 지극히 솔직하면서도 명확했다.

미 국무부부터, 사업가들이 미국의 외교정책에 영향력을 행사하는 주요 통로인 외교관계협의회^{CFR}에 이르기까지 모든 정책 담당자들은 전 세계에 대한 미국의 영향력을 계속 유지해야 한다는 데 합의했다. 그러나 그 방법을 둘러싸고는 다양한 안이 제기됐다.

그중 보수 강경파의 주장은 〈국가안전보장회의 비망록^{National Security Council memorandum} 68〉(1950) 같은 문서에 담겨 있다. NSC 68은 당시 국무장관 딘 애치슨의 생각에 기초한 것으로, 지금도 여전히 활동하고 있는 폴 니츠[2]가 작성한 것이다. 그는 이 문서에서 '반격 전략^{roll-back strategy}'을 제안했는데, 그 목적은 "소련의 체제 내부에 붕괴의 씨앗을 뿌림"으로써 '소련(혹은 소련이 무너질 경우는 그 계승 국가나 국가들)'과 협상할 때 미국이 우위를 점하도록 하는 것이었다.

그가 NSC 68에서 추천한 정책을 보면, 미국 내에 '희생과 규율'이 필요하다고 했는데, 이는 다른 말로 막대한 군비 지출과 사회복지 예산의 삭감을 뜻했다. 또한 국내의 반대파들에 대한 지나치게 관대한 '과도한 관용' 정책도 거두어들여야 한다고 했다.

사실 이 정책들은 이미 실행되고 있었다. 1949년 동유럽에서 활동하던 미국 첩보 조직은 제2차 세계대전 당시 동부전선[3]에서 라인하르트 겔렌이 이끌던 나치 군 정보 조직망을 흡수했다. 이 조직망은 수많은 악질 범죄자들을 재빨리 포섭하여 라틴아메리카와 그 밖의 다른 지역으로 활동 범위를 넓힌, 전후 미국-나치 동맹^{US-Nazi Alliance}의 일부였다.

미국-나치 동맹의 원조를 받은 '비밀 군대^{secret army}' 역시 이 활동의 일환이었다. 비밀 군대는 히틀러가 창설하여 1950년대 초까지 소련과 동유럽에서 활동했는데, 미국은 여기에 요원과 군사물자를 지원할 방도를 찾고 있었다(이 사실은 미국 내에 익히 알려져 있지만 그다지 대수롭지 않게 취급되었다. 그러나 입장을 바꿔, 로키 산맥에서 활동하고 있는 히틀러의 군대에 소련 측이 요원과 물자를 제공했다는 것을 미국인들이 알았다면 깜짝 놀랐을 것이다).

자유주의적 온건파

NSC 68은 보수 강경파를 대변하는 자료이다. 그리고 이 자료의 정책들이 단지 이론으로만 그친 게 아니라, 상당 부분 실행에 옮겨졌다는 사실을 기억해야 한다. 이제 반대 입장에 있는 자유주의적 온건파를 살펴보기로 하자. 이들의 지도자는 말할 것도 없이 조지 케넌이다. 그는 니츠가 후임이 된 1950년까지 미 국무부 정책팀을 지휘했다. 덧붙이자면, 바로 케넌의 부서가 겔렌의 조직망을 맡고 있었다.[4]

케넌은 미국의 정책 담당자 가운데서 가장 지적이고 명석한 인물로, 전후 세계를 구상하는 데 중요한 역할을 했다. 그의 글은 자유주의적 온건파의 입장을 아주 잘 보여준다. 우리가 당시 미국의 정책을 이해하려면, 1948년에 그가 국무부 정책팀을 위해 쓴 〈정책기획연구$^{Policy\ Planning\ Study}$ 23〉을 봐야 한다. 다음은 그 연구서의 일부이다.

우리는 전 세계 부의 50퍼센트 정도를 소유하고 있지만 인구는 전 세계의 6.3퍼센트밖에 차지하지 않는다. ⋯ 이런 상황에서 우리가 시샘과 원한의 대상이 되는 것은 어쩔 수 없는 일이다. 우리는 이 우월한 지위를 계속 유지할 수 있는 외교적 패턴을 실질적으로 강화해야 한다. … 그러기 위해서 모든 감상과 몽상을 버려야 한다. 당장의 국가적 과제가 걸린 곳이라면 그곳이 어디든 우리의 관심을 그곳에 집중시켜야 한다. … 우리는 인권, 생활수준의 향상, 민주화 따위의 비현실적이고 … 애매모호한 주제에 대해 떠드는 걸 그만둬야 한다. 오직 '직접적인 힘의 사용'이라는 개념으로 문제를 해결해야 하는 시대가 머지않았다. 이상주의적 슬로건에서 자유로워질수록 우리는 목적한 바를 더욱 쉽게 성취할 수 있을 것이다.

당연히 PPS 23은 최고 기밀문서이다. 정책 담당자들은 국민을 진정시키기 위해서 (지금도 여전히 그래야 하듯) '이상주의적 슬로건'들을 외쳐대야 했지만, 자기들끼리는 이 같은 말들을 하고 있었다.

같은 맥락에서 케넌은 1950년 라틴아메리카 주재 대사들에게 브리핑하면서 미국 외교정책의 주요 관심사는 "우리가 (라틴아메리카에서) 확보한 천연자원을 보호하는 것"이라고 말했다. 이를 위해 미국 정보기관은 라틴아메리카 전체에 퍼져 있는 위험한 생각, 즉 '정부가 국민의 복지에 직접적 책임을 져야 한다는 사상'과 싸워야 한다고 했다.

미국의 정책 담당자들은 실제 정치적 견해가 무엇이든 상관없이 이들이 지지하는 사상을 무조건 공산주의라고 부른다. 설령 교회에 소속된 자립단체의 일원일지라도 이 사상을 지지하면 공산주의자가 되는 것이다.

이러한 관점은 공문서에도 분명하게 드러나 있다. 1955년에 권위 있는 한 연구 단체는 공산주의 세력이 가하는 본질적 위협(공산주의라는 말이 현실적으로 갖는 실제 의미)은 그들이 맡은 종속적 역할, 곧 "서방의 산업 경제를 보완하는 일"을 거부하는 것이라고 했다.

케넌은 이런 사상을 지지하는 적들에 맞서 사용해야 할 수단을 다음과 같이 설명했다.

이 마지막 해결책은 그다지 유쾌한 것은 아니지만, 그래도 … 우리는 주저 말고 각국 정부가 경찰력을 동원해 이를 억누르도록 해야 한다. 공산주의자들이란 본질적으로 반역자들이므로 그렇게 하는 건 부끄러운 일이 아니다 … 만약 집권 체제가 공산주의자들에게 관대하고 공산주의자들의 위협에 태평할 뿐만 아니라, 심지어 공산주의자들이 집권 체제 내부에 침투해 있다면, 자유주의적 온건파 정부보다는 차라리 강압적인 정부가 들어서는 게 더 낫다.

사실 이런 정책은 케넌 같은 전후 자유주의적 온건파들이 처음 시작한 것이 아니다. 그보다 30년 전에 이미 윌슨 행정부의 국무장관이 같은 주장을 했다. 그는 먼로독트린Monroe Doctrine의 실질적 의미는 "미국은 자국의 이익을 고려한다. 아메리카 대륙 내의 다른 나라를 보호하는 것은 부수적인 일이지 목적 그 자체는 아니다"라고 했다.[5] 그리고 이른바 민족자결주의의 위대한 사도였던 윌슨도 이런 주장이 "반박할 수 없는" 것이라며 동의했다. 다만 이를 공공연하게 내세우는 것은 "지각없는 짓"이라곤 했지만.

게다가 윌슨은 아이티와 도미니카공화국을 침공하면서 이 정책을 실행에 옮겼다. 그곳에서 미군은 살육과 파괴를 자행하여 현지의 정치체제를 무너뜨렸다. 그 후에 미국은 미국 기업체들의 통제력을 확고히 보장해주었으며, 잔인하고 부패한 독재 정권의 발판을 마련했다.[6]

주요 지역

제2차 세계대전 중에 미 국무부 연구진과 외교관계협의회는 소위 '주요 지역Grand Area'이란 개념을 써서 전후 세계에 대한 지배 계획을 발전시켰다. 여기서 주요 지역이란 미국의 경제적 요구에 종속되어야 할 곳을 말한다.

주요 지역은 서반구, 서유럽, 동남아시아, 이전의 대영제국(당시 무너지고 있던), 어느 곳에도 비할 수 없이 무한한 에너지 자원이 풍부한 서남아시아(당시 미국이 경쟁국인 프랑스와 영국을 그곳에서 몰아내면서 이미 미국의 통제하에 들어가고 있었다), 그 밖의 제3세계 국가들을 포함한다. 가능하다면 지구 전체까지도 포괄할 생각이었다. 그리고 이 계획은 기회가 되는 한, 그대로 실행됐다.

미국은 전후 세계 질서를 재편하면서 각 지역에 고유한 기능과 역할을 부여했다. 전쟁 중에 이미 '거대한 공장great workshop'으로서의 능력을 입증한 독일과 일본은 산업국가들을 지도해야 했다. 단, 이번에는 미국의 감독을 받아야 한다는 조건으로.

제3세계의 경우, 1949년 국무부의 한 메모에 기록됐듯, 자본주의 산업국들을 위해 "천연자원의 공급처와 시장으로서의 주된 역할을 충실하게 해야" 했다. 케넌의 말을 빌리자면, 유럽과 일본의 재건을 위해 제3세계를 "개척"해야 했다(메모에는 동남아시아와 아프리카만 언급되어 있지만, 이는 일반적으로 다른 지역에도 해당된다).

심지어 케넌은 아프리카를 "개척"하는 작업을 통해 유럽은 정신적으로 고양될 수 있다고까지 했다.[1] 그러나 거꾸로, 아프리카의 재건을 위해 유럽을 개척해야 하고, 그 과정에서 아프리카가 정신적으로 성숙해질 수 있다고 말할 사람은 아무도 없을 것이다. 열람 제한이 해제된 이 기밀문서들을

주요 지역이란 미국의 경제적 요구에
종속되어야 할 곳을 말한다.
가능하다면 지구 전체까지도 포괄할 생각이었다.
이 계획은 기회가 되는 한 그대로 실행됐다.

보는 사람은 학자들뿐인데, 이들조차 문서에 담긴 내용이 이상하다거나 불쾌하다는 걸 깨닫지 못하고 있는 실정이다.

베트남전쟁^{Vietnam War}은 미국이 베트남에 이런 역할을 확실히 강요하려고 벌인 짓이었다. 이를 받아들이려 하지 않는 베트남 민족주의자들은 제거되어야 했다. 미국이 이들을 위협적으로 여긴 이유는, 이들이 누군가를 침략했기 때문이 아니라 인접 국가들에 민족 독립을 고무시킬 본보기가 될 수도 있기 때문이었다.[8]

당시 미국 정부는 두 가지 중요한 과제를 해결해야 했다. 첫째는 광범위하게 퍼져 있는 주요 지역의 안전을 보장하는 것이었다. 따라서 그 누구도 이 임무를 방해할 수 없도록 미국은 매우 위협적인 자세를 취해야 했다. 미국이 핵무기 개발을 그토록 서두른 것도 이런 이유에서다. 또한, 미국 정부는 첨단산업에 투입할 공공보조금을 마련해야 했다. 여러 이유로 이런 보조금은 거의 군사비에서 충당됐다.

자유무역은 경제학 또는 신문 사설에서 다룰 때나 그럴듯해 보일 뿐, 현실에선 정·재계 인물 그 누구도 자유무역을 진지하게 생각하지 않는다. 이는 미국이 국제 경쟁력을 가지고 있는 부문이 자본집약적 농업(소위 '기업식 농업'), 첨단산업, 제약, 생물공학 등 주로 국가가 보조하는 부문들인 것만 봐도 알 수 있다. 다른 산업국가들도 마찬가지다.[9]

미국 정부는 각종 연구 개발에 필요한 자금을 이들에게 제공할 뿐만 아니라, 국가가 나서서 군사 무기라는 '낭비성' 생산품에 대한 시장을 보장해준다. 그러다가 어떤 상품이 시장성이 있다고 판단되면 민간부문에서 이 상품을 차지한다. 이렇게 공공보조금과 사적 이윤이 결합된 체계가 소위 말하는 '자유기업^{free enterprise}'의 정체인 것이다.[10]

구질서의 복원

전후 세계를 기획한 케넌 같은 사람들은, 다른 서방 산업국들이 전쟁 피해를 복구하는 과정에서 미국 기업의 번영을 위해 미국 생산품을 수입하고 미국 기업에 투자 기회를 제공하는 게 중요하다고 봤다(일본을 '명예 백인honorary whites'으로 간주한 인종차별 시절의 남아프리카공화국의 관례에 따라 필자는 일본도 '서방'의 일부로 포함시켰다). 그러나 중요한 건 이 국가들을 아주 특별한 방식으로 재건하는 것이었다.

즉, 전통적 우파 질서를 부활시키고 기업이 우위를 차지하게끔 하는 한편, 노동자는 분열시키고 약화시켜야 했다. 그리고 재건에 따른 부담은 전적으로 노동자 계급과 빈민층에게 전가해야 했다.

이 과정에서 미국이 부닥친 가장 큰 어려움은 반파시스트 저항운동이었다. 미국은 전 세계에 걸쳐서 이 저항운동을 진압했고, 그 자리에 종종 파시스트나 나치 부역자들을 들어 앉혔다. 때로 이 과정에서 미국은 극단적인 폭력을 사용하기도 했지만, 선거 결과를 뒤집거나 굶어 죽어가는 사람들에게 식량 보급을 늦추는 등 한층 부드러운 방법을 사용하기도 했다(전후 시기를 다루는 역사가들이 양심적이라면 이런 사실을 책의 맨 첫 장에 다뤄야 한다. 하지만 실제로는 거의 언급조차 하지 않는다).

이런 방식은 루스벨트 대통령이 프랑스 제독 장 달랑을 프랑스령 북아프리카 전체를 관장하는 총독으로 임명한 1942년에 처음 시작됐다. 달랑은 가장 중요한 나치 부역자의 한 사람이었고, 비시정부(프랑스가 독일에 항복한 후 오베르뉴의 온천 도시 비시에 세운 나치 꼭두각시 정부)가 공표한 반유대주의법을 만든 사람이다.

그러나 더 중요한 곳은 연합군이 유럽에서 가장 먼저 해방한 지역인 이탈리아 남부였다. 미국은 영국 수상인 처칠의 조언에 따라 파시스트 전쟁 영웅인 바돌리오 이탈리아 육군 원수와 역시 파시스트 부역자였던 비토리오 에마누엘레 3세가 이끄는 우익 독재 정권을 이탈리아 남부에 들어 앉혔다.

미국의 정책 담당자들은 당시 유럽이 당면한 '위협'은 소련의 침략이 아니라고 봤다. 드와이트 아이젠하워 같은 신중한 분석가들은 그런 일은 아예 염두에도 두지 않았다.[11] 오히려 그들은 급진적인 민주주의 사상을 지닌 반파시스트 저항운동과 지역 공산당의 정치 세력, 그리고 이들에게 쏟아진 관심을 위협으로 느꼈다.

경제 붕괴로 인해 이들의 영향력이 커질 것을 우려한 미국은 서유럽의 국가자본주의state capitalism 경제를 복구하기 위해 마셜플랜Marshall Plan 을 수립했다. 마셜플랜에 따라 미국은 1948년부터 1951년까지 유럽에 모두 120억 달러 이상의 융자금과 보조금을 제공했다. 이 자금은 모두 유럽에 수출한 미국 상품을 사들이는 데 사용됐는데, 가장 절정기였던 1949년에는 이 자금으로 미국 수출품의 무려 3분의 1을 사들였다.[12]

제2차 세계대전 중 이탈리아에서는 공산당이 이끄는 노동자·농민 운동이 독일군 여섯 개 사단을 저지하고 이탈리아 북부를 해방시켰다. 하지만, 미군은 이탈리아를 지나 진격하면서 이 반파시스트 저항 세력을 해산시켰고, 도리어 이 지역의 기본 권력 체제를 전쟁 전 파시스트 정권 때로 되돌렸다.

미국중앙정보국CIA은 창설 이래로 이탈리아를 주요한 파괴 공작의 대상국으로 삼았다.[13] CIA는 1948년 이탈리아의 주요 선거에서 공산주의자들이 합법적으로 권력을 차지할 것을 우려했다. CIA는 이를 막기 위해 파시스트 경찰을 부활시키고 노조를 파괴하고 식량 지원을 보류하는 등 온갖 수단을 동원했다. 그럼에도 공산당이 선거에서 패배할지 여전히 장담할 수 없었다.

1948년에 작성된 첫 번째 〈국가안전보장회의 비망록〉에는 이탈리아 공산주의자들이 선거에서 승리할 경우 미국이 취하려고 했던 몇 가지 조치가 명기되어 있다. 그중에는 미국의 군사적 개입도 있었는데, 이탈리아에서 비밀리에 수행하고 있는 공작을 군사적으로 지원하는 것이었다.

일부 사람들, 특히 조지 케넌은 선거 '전'에 미리 군사행동을 벌이자고 주장했다. 그는 공산당이 선거에서 질 수도 있다는 불확실한 가정에 희망을 걸고 싶지 않았다. 그러나 다른 사람들은 공산주의자들이 선거에서 이길 경우, 그때 가서 공산당 정권을 전복해도 늦지 않다고 설득했다. 실제로도 그렇게 하는 것이 옳은 것으로 드러났다.

그리스에서는 나치가 물러나고 영국 군대가 주둔했다. 영국이 그리스에 부패한 정권을 세우자 다시금 이에 반대하는 저항운동이 일어났다. 전후 이미 쇠퇴하고 있던 영국은 이를 제압할 수가 없었다. 결국 1947년에 미국이 개입하여 이 '잔혹한 전쟁'을 지원했고, 약 16만 명이 목숨을 잃었다.

이 전쟁으로 인해 수많은 사람이 고문을 당했고, 수만 명이 정치적 망명을 떠났으며, 수만 명이 소위 말하는 '재교육 캠프'에 갇혀야 했다. 결국 이 전쟁은 노조를 비롯해 모든 독립적 정치 세력들을 짓밟아버리고서야 막을 내렸다.

수많은 국민이 목숨을 부지하기 위해 이민을 가는 동안, 그리스는 미국 투자가와 그리스 사업가의 손아귀에 완전히 들어갔다. 나치 부역자도 그 이득을 챙겼다. 반면, 주요 희생자는 공산주의자가 이끄는 반나치 저항운동에 나섰던 노동자와 농민이었다.

미국이 그리스를 그리스 국민에게서 '성공적'으로 지켜내자, 1964년 유엔 주재 미국 대사였던 애들레이 스티븐슨은 유엔에서 그리스의 사건을 두고 베트남전쟁에 적용할 적합한 사례로 설명하기도 했다. 레이건의 고문들도 그리스를 중앙아메리카뿐만 아니라 다른 여러 지역에 적용할 사례로 언급했다.

일본의 경우, 더글러스 맥아더 장군이 이끄는 미 군정이 일본 민주화 과정을 수행하고 있었다. 그러나 1947년에 미국 정부가 채택한 소위 '역행 정책reverse course'으로 중지되고 말았다. 이 정책으로 노조와 민주 세력은 억압을 받은 반면, 일본 파시즘을 지지했던 기업인들은 일본을 확실하게 통제하게 됐다. 이것은 국가적·사적 권력이 통합된 구조로 오늘날에도 여전히 일본을 지배하고 있다.

1945년에 한국에 진주한 미군은, 일본에 저항했던 반파시스트들이 조직하여 국민의 지지를 받은 한국 정부[14]를 해체시켰다. 대신 일본 파시스트 경찰과 일제강점기 때의 친일파를 이용하여 국민을 잔인한 방법으로 억압했다. 한국전쟁 이전에도 남한에서는 약 10만 명이 목숨을 잃었다. 작은 섬 제주도에서 일어났던 농민 봉기를 진압하는 과정[15]에서는 살해당한 사람만 해도 3만~4만 명에 이르렀다.

에스파냐의 프랑코에게 고무된 콜롬비아의 파시스트 쿠데타는 미국 정부로부터 별반 간섭을 받지 않았고, 베네수엘라에서 일어난 군사 쿠데타와 파나마에서 부활한 파시스트 지지자들도 마찬가지였다. 오히려 루스벨트의 뉴딜New Deal 정책을 따른 과테말라에서 수립된 역사상 첫 민주주의 정부가 미국의 격렬한 반대에 부딪혔다.

마침내 1954년에 미국 CIA는 쿠데타를 일으켜 과테말라를 지상의 지옥으로 만들었다. 이렇게 시작된 미국의 정기적인 간섭과 쿠데타 지원은 지

전후 세계를 기획한 케넌 같은 사람들은,
다른 서방 산업국들이 전쟁 피해를 복구하는 과정에서
미국 기업의 번영을 위해 미국 생산품을 수입하고
미국 기업에 투자 기회를 제공하는 게 중요하다고 봤다
중요한 건 이 국가들을 아주 특별한 방식으로 재건하는 것이었다.

금까지도 지속되고 있는데, 특히 케네디와 존슨 행정부에 이르러 가장 심했다.

미국이 반파시스트 저항운동을 억누른 또 다른 예가 있다. 독일 점령기에 프랑스 리옹에서 게슈타포 Gestapo 대장을 지냈던 나치친위대 장교 클라우스 바르비와 같은 전쟁 범죄자들을 미국이 고용한 것이다. 그는 당시 그곳에서 '리옹의 도살자'라는 별명으로 불렸다. 수없이 많은 끔찍한 범죄들이 그의 지휘하에 저질러졌는데도 미국은 그에게 프랑스 스파이 임무를 맡겼다.

1982년에 마침내 바르비가 전쟁 범죄자로 재판을 받기 위해 프랑스로 송환됐을 때, 미군 방첩부대 CIC에 있다가 예편한 유진 콜브 대령은 그를 스파이로 고용한 데 대해 이렇게 변명했다. "(우리는) 바르비의 기술이 몹시 필요했다. … 그는 독일 점령기에 프랑스 지하 공산당과 레지스탕스에 맞서 활동했기 때문이다." 자칭 미국의 '해방자'들은 프랑스 저항운동가들을 재차 탄압의 표적으로 삼았던 것이다.

나치가 물러간 지역을 차지한 미국이 반저항운동 전문가들을 고용한 것은 지극히 당연한 일이었다. 나중에 미국이 유럽에서 이들을 보호할 수 없게 되자, 바르비를 포함한 많은 전쟁 범죄자들은 때로 바티칸과 파시스트 신부들의 도움을 받아가며 미국이나 라틴아메리카로 도망갔다. 거기서 이들은 미국의 지원을 받는 라틴아메리카 '경찰국가 police state'들의 군사 고문이 됐는데, 이 국가들은 공개적으로 히틀러의 제3제국 Third Reich을 자국의 모델로 삼았다. 그들은 또한 마약 밀매자, 무기상, 테러리스트가 됐고, 게슈타포가 고안한 각종 기술을 동원해 라틴아메리카의 농민들을 고문했다. 나치에게 교육받은 사람 중 일부는 중앙아메리카로 넘어갔다. 이로 인해 나치가 유럽에 만들었던 죽음의 수용소^{death camp}와 중앙아메리카의 암살단인 죽음의 특공대^{death squad}가 서로 직접적인 관련을 맺게 됐다. 이 모두는 전후에 미국과 독일 나치친위대가 맺은 동맹의 결과였다.

민주주의에 대한 미국의 책임

수많은 기밀문서에서 미국의 정책 담당자들은 미국 주도의 새로운 국제 질서에 대한 주된 위협이 제3세계 민족주의^{Third World nationalism} — 때로는 국수주의^{ultranationalism}라고도 한다 — 라는 견해를 거듭 밝혔다. 즉, '대중의 낮은 생활수준을 즉각 개선하라는 국민들의 요구'에 부응하고 '내수용 생산에 주력'하는 민족주의 체제를 말한다.

거듭 되풀이하는 얘기지만, 미국의 정책 담당자들이 궁극적으로 추구했던 것은 '국수주의자^{ultranationalist}'들이 애초에 권력을 잡지 못하게끔 막는 것이었다. 요행히 그들이 권력을 잡는다면 그들을 몰아내야 한다. 그러고선 국내외 자본의 자유로운 투자를 허용하고 국내 수요는 무시한 채 오로지 수출을 위한 생산에만 몰두하며, 이윤의 국외 반출 권리를 보호해주는 정부를 세우고자 했다(어떤 기밀문서에도 이런 목표들에 대한 비판은 없다. 마치 인간에게 공기처럼, 미국 정책 담당자들에게 이런 목표는 자연스러운 것이다).

해당국의 국민은 자국의 민주주의와 사회 개혁을 미국이 이처럼 저지하는 것을 좋아할 리가 없다. 이 과정에서 이윤을 챙기는 미국 사업체와 관련을 맺은 소수를 제외하면 국민 가운데 어느 누구도 이런 일을 반기지 않았다.

미국은 물리적 힘에 의지하려고 군부와 동맹을 맺는다. 케네디 행정부의 정책 담당자가 말했다시피, 군부는 "라틴아메리카의 정치 집단 중 가장 친미적인 세력"이어서다. 미국의 손아귀에서 빠져나가려는 그 어떤 대중적인 토착 집단이라도 군부를 이용해 짓밟아버린다.

미국은 코스타리카의 경우처럼 노동자들의 권리가 억압되고 외국 자본의 투자 환경이 보호되는 한에서만 사회 개혁을 눈감아주었다. 코스타리카 정부는 바로 이 두 가지 중요 사항을 항상 준수했기에 '개혁 놀음'을 할 수 있었다.[16]

앞서 말한 기밀문서들을 보면 제3세계 국가들의 지나친 자유주의[liberalism]에 대해서도 거듭 지적한다(이것은 특히 라틴아메리카에서 문제였는데, 이들 나라의 정부는 사상을 통제하거나 여행을 제한하는 데 '충분히 노력'하지 않고, 증거가 있어야만 범죄를 기소할 수 있을 만큼 법체계가 '허술'하다고 보았다).

이 문제는 케네디 행정부 내내 끊임없는 골칫거리였다(케네디 이후의 문서 기록들은 아직 공개되지 않았다). 케네디 행정부의 자유주의자[liberal]들도 정부 '전복'까지 허용되는 라틴아메리카의 지나친 민주주의를 척결해야 할 필요가 있다는 점에선 단호했다. 여기서 이들이 말하는 '전복'적 요소라는 것은 사람들의 '잘못된 생각'[17]을 의미하는 것이다.

그렇다고 해서 미국이 가난한 자들에 대한 연민이 아예 없는 건 아니었다. 1950년대 중반에 코스타리카 주재 미국 대사가 코스타리카를 실질적으로 주무르고 있던 미국의 과일 유통 회사인 유나이티드프루트 사에 "노동자들을 위해 비교적 간단하지만 표면적으로나마 사람들의 이목을 끌 수 있는 겉치레 정도의 환경 개선"을 권고했었다. 그는 이것이 "심리적으로는 큰 영향을 미칠 수도 있"어서라고 했다.

국무장관 존 포스터 덜레스도 이 의견에 동의했다. 그는 아이젠하워 대통령에게 조언하기를, 라틴아메리카를 계속 쥐고 있으려면 "그들을 조금 예뻐해주고 우리가 그들을 좋아한다고 믿게 만들어야 한다"고 했다.

이상의 예들을 살펴보면 제3세계에 대한 미국의 정책을 이해하는 것은 어려운 일이 아니다. 민주주의의 결과를 미국이 자신의 뜻대로 조종할 수 없는 한, 미국은 이들 지역에서 민주주의를 일관되게 반대해왔다. 미국이 보기에 진정한 민주주의 국가들의 문제는 각국 정부가 미국 투자가들의 요구보다도 자국민의 요구를 쉽게 따른다는 것이다.

런던의 '왕립국제문제연구소$^{Royal Institute of International Affairs}$'가 발행한 〈미 대륙 국가들 간의 구조에 관한 연구$^{A study of the inter-American system}$〉가 내린 결론은, 미국은 말로는 민주주의를 내세우면서 실제로는 '자본주의 사기업' 옹호에 발 벗고 나선다는 것이다. 만약 투자가들의 권리가 위협받게 되면 민주주의를 그만둬야 한다. 다시 말해 투자가들의 권리만 철저하게 보호받을 수 있다면 살인범과 고문자 들이 권력을 쥔다 해도 전혀 문제가 되지 않는다.

1953년 이란, 1954년 과테말라(민주화가 다시 시작되리라는 위협을 느낀 케네디가 군사 쿠데타를 지원한 1963년에도), 1963년과 1965년의 도미니카공화국, 1964년 브라질, 1973년 칠레, 그리고 그 밖의 많은 의회정치 국가가 미국의 지원과 때로는 직접적인 내정간섭으로 정권을 장악하지 못하거나 전복됐다. 미국이 엘살바도르나 지구상 다른 수많은 지역에서 펼친 정책도 늘 마찬가지였다.

그 방법은 참혹했다. 미국이 조종한 콘트라 반군이 니카라과에서 저지른 잔악 행위[18]나 미국 테러리스트의 하수인들이 엘살바도르와 과테말라에서 벌인 짓은 단순히 살인이라고만 부를 수 있는 게 아니었다. 갓난아이들을 바위에 내려쳐 죽이거나, 여자들의 유방을 도려내고 얼굴의 피부를 벗겨내피 흘려 죽도록 거꾸로 매달아놓는가 하면, 사람들의 목을 베어 말뚝에 올려놓기도 했다. 이들이 벌인 살인 행위는 지극히 잔인하고 변태적이었다. 진정한 민주주의를 꽃피울 자주적 민족주의와 대중 세력을 말살하는 것이 바로 미국의 목적이었다.

모범적 사례가 불러올 위협

아무리 보잘것없는 국가라 해도 미국은 예외를 두지 않았다. 오히려 미국은 가장 약하고 가난한 나라들에 극도로 신경질적인 반응을 보였다.

1960년대에 세계에서 가장 가난한 나라였던 라오스가 그렇다. 국민들 대다수는 심지어 자기 나라가 라오스인지조차 몰랐고, 아는 것이라고는 자신들이 살고 있는 작은 마을과 이웃 마을 정도였다.

그러나 라오스에서 지극히 기본적인 수준의 사회혁명이 시작되자마자 미국은 즉각 살인적인 '비밀 폭격secret bombing'을 퍼부어 폐허로 만들었다. 이 '비밀 폭격' 작전은 미국 정부도 시인했다시피, 당시 남베트남에서 미국이 벌이고 있던 전쟁과는 하등 상관이 없는 것이었는데도 말이다.

그레나다도 마찬가지다. 육두구nutmeg [19]라는 작은 향료를 생산하는 인구 약 10만 명의 그레나다라는 나라는 너무 작아서 세계지도에서 찾기도 힘들다. 하지만 그레나다에서 다소 온건한 사회혁명 조짐이 일자 미국은 그 위협을 뿌리 뽑고자 즉각 개입했다.[20]

러시아혁명Bolshevik Revolution이 일어난 1917년부터 동유럽 공산주의 정부가 몰락한 1980년대 말까지 미국은 자신의 침략 행위를 소련의 위협에 대한 방어책이라는 핑계로 손쉽게 정당화했다. 1983년 미국이 그레나다를 침공했을 때도 마찬가지였다. 미 합참의장은 소련이 서유럽을 침공할 경우, 미국에 적대적인 그레나다가 카리브 해에서 서유럽에 이르는 원유 공급을 방해할 가능성이 있으며, 그렇게 되면 미국은 포위당한 우방국들을 도와줄 수 없을 것이라고 주장했다. 지금은 그가 둘러댄 구실이 순전히 코미디로밖에 들리지 않지만, 미국 정부는 이런 식의 이야기를 꾸며 일반 대중이 미국이 저지른 침략과 테러, 정부 전복 정책을 지지하게 했다.

니카라과 침공의 경우도 마찬가지다. 미국 정부는 '그들'을 저지하지 못하면, 그곳에서 차로 이틀밖에 안 걸리는 국경을 넘어 텍사스의 할린전까지 밀고 들어올 것이라며 침공을 정당화했다(고등교육을 받은 사람들에게는 그 나름대로 더 세련되고 그럴듯한 핑계를 댔다).

미국 기업의 이해관계가 걸려 있는 한, 니카라과 같은 나라 하나쯤이야 사라질 수 있었다. 그런 건 아무도 신경 쓰지 않는다. 엘살바도르 역시 마찬가지다. 이 두 나라는 미국의 무자비한 공격을 당한 결과, 수십억 달러에 이르는 재산 피해를 업었고 수십만 명이 목숨을 잃었다.

거기에는 그만한 이유가 있다. 약하고 가난한 나라가 선례로 남는다면 미국 입장에서는 더욱 위험스러운 일이다. 만약 그레나다처럼 아주 작고 가난한 나라가 국민에게 더 나은 삶을 보장할 수 있게 되면, 그레나다보다 자원이 풍부한 다른 나라들이 '그렇다면 우리라고 못할 법이 없잖아?'라고 의문을 품을 것이 분명하기 때문이다.

국토가 넓고 중요한 자원도 있는 인도차이나의 경우에는 미국의 우려가 훨씬 심했다. 아이젠하워와 그의 고문들은 이 지역의 풍부한 쌀과 주석, 고무를 잃을까 봐 걱정했지만, 사실 이들의 우려는 다른 데 있었다. 만약 인

'썩은 사과 이론'은
일반 대중에게는 도미노 이론으로 알려졌다.
이 이론에 바탕을 두고 일반 국민을 겁주고자 꾸민 이야기들이 있다.
그중에는 베트남의 호찌민이 카누를 타고 와서
캘리포니아에 상륙할 것이라는 이야기도 있다.

도차이나 주민이 독립하여 정의를 실현하게 되면, 타이 국민도 이를 따라 할 것이고, 만약 타이 국민마저 성공한다면, 이 흐름은 말레이 반도까지 확산될 것이다. 따라서 인도네시아 역시 곧 독립 노선을 걷게 될 것이고, 그렇게 되면 미국은 '주요 지역'에서 중요한 부분을 잃게 된다.

일단, 미국 투자가들의 요구에 맞게 세계 체제가 종속되면, 누구도 이 구조에서 벗어나지 못하게 해야 한다. 이런 견해가 문서화된 기록으로, 심지어 공문서에까지 기록되어 남아 있다는 사실은 정말 놀라운 일이다. 그 한 예로 아옌데 정부 시절의 칠레를 살펴보자.[21]

칠레는 무궁무진한 천연자원을 지닌 큰 나라이다. 하지만 칠레가 자주국가가 된다 해서 미국이 갑자기 망할 것도 아니었다. 그러면 미국은 왜 그토록 칠레에 관심을 보였을까? 키신저의 표현에 따르면, 칠레는 남미를 "감염"시킬 수 있는 "바이러스"일 뿐만 아니라, 더 나아가 이탈리아에까지 그 영향을 미칠 수 있었다.

이탈리아에는 CIA가 지난 40년 동안 무너뜨리려고 안간힘을 썼던 노동운동이 아직 남아 있었기 때문에, 만약 칠레에 사회민주주의 정부가 들어선다면 그 사실이 이탈리아의 유권자들에게 '그릇된' 메시지를 전달할 것이다. 한번 상상해보시라. 이탈리아인이 자기 나라의 주권을 되찾을 수 있다는 '망상'을 하게 되고, 1940년대에 CIA가 약화시킨 노동운동까지 되살아나는 상황을 말이다.

1940년대 후반 국무장관을 지낸 딘 애치슨 시절부터 현재에 이르기까지 미국의 모든 정책 담당자들은 하나같이 "한 개의 썩은 사과는 결국 궤짝에 있는 사과 전체를 썩게 할 것"이라고 경고해왔다. 그들이 경고한 위험이란 '사회·경제적 발전'이라는 '썩은 사과 하나'가 확산될지 모른다는 것이다.

이 '썩은 사과 이론rotten apple theory'은 일반 대중에게는 도미노이론으로 알려졌다. 이 이론에 바탕을 두고 일반 국민을 겁주고자 꾸민 이야기들이 있다. 그중에는 베트남의 호찌민[22]이 카누를 타고 와서 캘리포니아에 상륙할 것이라는 이야기도 있다. 미국의 일부 지도자들은 이런 황당무계한 이야기를 믿을지도 모른다(그럴 가능성이 충분하다). 하지만 이성적인 정책 담당자들은 분명 그렇지 않다. 그들은 '좋은 선례'야말로 진정한 위협이라는 점을 잘 알고 있어서다.

때로는 미국이 자신이 개입하는 취지를 아주 명쾌하게 밝히기도 한다. 1954년 미국이 과테말라의 민주정부를 무너뜨리려고 계획하고 있었을 때, 국무부의 한 관리는 다음과 같이 지적했다. "과테말라는 온두라스와 엘살바도르의 안정에 점점 더 큰 위협이 되고 있다. 과테말라의 토지개혁agrarian reform은 아주 강력한 선전 무기이다. 정부가 상류계급과 외국계 대기업을 상대로 승리하면서 노동자와 농민을 지원하는 광범위한 사회보장제도를 마련한 것도 그렇다. 이 때문에 비슷한 환경에 놓인 중앙아메리카 이웃 국가들은 과테말라의 상황 진전에 큰 관심을 가지고 지켜보고 있다."

다시 말하자면, 미국이 원하는 것은 "안정"이며, 이 말은 "상류계급과 외국계 대기업"의 안전을 뜻한다. 이 "안정"이 지금 시행중인 민주주의 제도에서도 별 문제없이 보장된다면 상관없지만, 그렇지 않을 경우 '좋은 선례'가 빚을지 모르는 '안정에 대한 위협'은, 그 바이러스가 다른 곳으로 번지기 전에 박멸해야만 한다.

티끌 하나가 위협이 될 수 있다. 그렇기에 아무리 작은 티끌이라도 완전히 없애야 한다.

세 개의 블록경제로 구성된 세계

세계는 1970년대 초기부터 세 개의 주요 경제권이 서로 경쟁하는 소위 '3극 체제tripolarism' 혹은 '3자 상호협력 체제trilateralism'로 바뀌기 시작했다. 그 첫째는 일본을 중심으로 하여 과거 일본의 식민지였던 주변국들로 이루어진 엔¥ 경제권이었다.

지난 1930~1940년대에 일본은 이를 '대동아공영권大東亞共榮圈'이라 불렀다. 미국과 일본의 갈등은 마치 서구 열강들이 그랬던 것처럼, 일본 역시도 '자기 구역'을 똑같이 통제하고자 했기 때문에 벌어졌다.[23] 그러나 제2차 세계대전이 끝난 후 미국은 오히려 일본을 위해 이 지역을 재건했고, 일본이 주변국을 착취해도 전혀 문제 삼지 않았다. 그것은 일본이 미국의 압도적인 영향력 아래에 있었기 때문이다.

그럼에도 불구하고 일본이 오늘날 미국의 주요 경쟁국이 됐다는 사실을 두고 터무니없는 주장들이 너무나 많이 나오고 있다. 즉, 미국이 한때의 적을 재건시킨 것을 보면 미국이 얼마나 영예로운 국가인지 입증됐다는 것이다. 사실 이것은 제2차 세계대전 이후 미국이 취할 수 있었던 정책에 선택의 여지가 별로 없어서 그랬던 것인데도 말이다. 그중 하나가 미국이 전면적으로 감독한다는 조건하에 일본제국을 부활시키는 것이었다(결국 이 방안이 선택됐다).

다른 하나는 미국이 아시아를 완전히 떠나 일본과 아시아 국가들의 독자적 노선을 인정해주는 것이었다. 하지만 미국이 통제하는 주요 지역의 일부가 떨어져 나가는 것이기에 미국의 입장에서는 받아들일 수 없었다.

더구나 제2차 세계대전 직후에는 감히 일본이 장차 미국의 경쟁 상대가 되리라고는 전혀 생각할 수 없었다. 시간이 흐르면 언젠가 자질구레한 물건들이나 겨우 생산해내면 했지 그 이상이 되리라고는 예상하지 못했다(이 견해에는 인종차별적 요소도 큰 영향을 미쳤다). 일본은 많은 부분 한국전쟁과 뒤이어 일어난 베트남전쟁 덕에 회복됐다. 이 두 전쟁 덕에 일본은 상품생산이 촉진되어 막대한 이익을 거두었다.

전쟁 직후의 정책 담당자 가운데는 좀 더 긴 안목을 갖고 있는 사람들도 있었는데, 조지 케넌이 그런 사람이었다. 그는 미국이 일본의 산업화를 촉진시켜야 한다고 제안하면서도 한 가지 조건을 달았다. 바로 미국이 일본의 원유 수입선을 통제해야 한다는 것이었다. 그렇게 되면 일본이 미국의 정책 노선에서 벗어나고자 할 때 미국이 '거부권veto power'을 행사할 수 있다는 것이다. 미국 정부는 그의 조언에 따라 일본에 대한 원유 공급과 정유 시설을 통제해왔다. 이 때문에 일본은 1970년대 초까지도 자국에 필요한 원유의 10퍼센트만을 통제할 수 있었다.

미국이 서남아시아의 원유에 그토록 비상한 관심을 쏟았던 것도 마찬가지다. 사실 미국 자체적으로는 이 지역의 원유가 전혀 필요치 않았다. 1968년까지만 해도 북미의 원유 생산량은 전 세계에서 선두를 차지했다. 하지만 미국은 세계를 움직이는 이 조종간을 계속 장악하고서 그 이윤을 영국과 확실히 나누어 갖기를 원했다.

미국이 아직까지 필리핀에 군 기지를 둔 이유도 이 때문이다.[24] 이 기지는 서남아시아를 겨냥한 세계적 차원의 미군 개입 시스템의 일환으로, 서남아시아에서 '급진적 민족주의' 세력이 정권을 잡지 못하도록 하기 위한 것이다.

경쟁을 벌이는 두 번째의 주요 경제권은 유럽을 기반으로, 독일이 주도

미국이 주도하는 달러 경제권에는
최근 미국의 주요한 무역 상대국인 캐나다가 편입함으로써
그 규모가 커졌고, 멕시코와 다른 국가들도 합류할 예정이다.
이러한 통합에 기초가 된 것은 미국 투자가들과
그 협력자들의 이익을 위해 구상된
자유무역협정이었다.

하고 있다. 이 경제권은 유럽공동시장^{ECM}이 자리 잡으면서 한층 더 발전하기 시작했다. 유럽의 경제 규모는 미국보다 크고 인구도 더 많으며 교육 수준도 더 높다.

만약 유럽 국가들이 힘을 모아 하나의 세력으로 움직인다면 미국은 2등 국가로 밀려날 수도 있다. 독일이 이끄는 유럽이 동유럽을 재건하는 데 주도적인 역할을 하면서 그럴 가능성이 더 커졌다. 유럽이 이들 지역을 과거처럼 자신들의 전통적인 식민지, 궁극적으로는 제3세계의 일부로 만든다면 말이다.

세 번째는 미국이 주도하는 달러 경제권이다. 여기에는 최근 미국의 주요한 무역 상대국인 캐나다가 편입함으로써 그 규모가 커졌고, 멕시코와 다른 국가들도 합류할 예정이다. 이러한 통합에 기초가 된 것은 미국 투자가들과 그 협력자들의 이익을 위해 구상된 '자유무역협정^{FTA}'이었다.[25]

미국은 늘 라틴아메리카를 자국의 부속 지역으로 생각해왔다. 루스벨트 대통령과 태프트 대통령 당시 전쟁장관이었고 후버 대통령 당시에는 국무장관도 지낸 바 있는 헨리 스팀슨에 따르면, 라틴아메리카는 "누구도 성가시게 굴 적이 없는 저기 너머 우리의 작은 땅"이었다. 그러므로 달러 경제권을 지킨다는 것은 중앙아메리카와 카리브 해 연안 국가들 입장에서는 자주적으로 발전할 수가 없다는 걸 의미한다.

다른 산업 경쟁자들과 제3세계를 상대로 한 미국의 저의를 이해하지 못하면 미국의 외교정책은 그저 두서없이 계속되는 실수, 모순, 혼란의 연속으로밖에는 보이지 않는다. 그러나 사실 미국의 지도자들은 각자에게 주어진 임무를 실현 가능한 범주 내에서 '아주 성공적'으로 수행했다.

2 미국의 해외 유린

|

미국은 유럽 동맹국들과 일본의 격렬한 반대를
묵살해가며 베트남에 대한 봉쇄와 제재를 갱신했다.
제3세계의 그 어떤 나라도
감히 반항해서는 안 된다는 것을 가르쳐야 했기 때문이다.
만약 이들이 입에 담기조차 무서운 그런 범죄를 저지른다면,
이 세계의 통치자인 미국은 이들을
가차 없이 처벌할 것이다.

|

미국의 선린외교정책

조지 케넌의 제안은 지금까지 어느 정도나 실행된 걸까? 미국은 "인권, 생활수준의 향상, 민주화 따위의 모호하고 비현실적인 주제"들에 대해 어느 정도까지 철저하게 무시해온 것일까? 민주주의에 관해서는 1장의 〈민주주의에 대한 미국의 책임〉에서 언급한 바 있다. 그렇다면 인권과 생활수준 향상의 문제에 대해선 어땠을까?

먼저 라틴아메리카의 인권 문제부터 살펴보기로 하자. 라틴아메리카의 저명한 인권 전문 학자인 라르스 슐츠는 한 연구 논문에서 "미국은 자국민을 고문하는 라틴아메리카 정부에 더 많이 원조하는 경향이 있다"고 밝혔다. 미국의 원조는 한 나라에 실제로 "필요한" 도움과는 상관이 없으며, 오직 부자와 특권층의 이익을 위해 해당 국가의 정부가 협조하는가와 관련이 있다.

경제학자 에드워드 허먼은 슐츠보다 폭넓은 연구를 통해 전 세계적인 차원에서 행해지는 고문과 미국의 원조 사이에는 대단히 깊은 관계가 있음을 폭로했다. 그는 이 둘은 각각 기업 활동에 필요한 투자 환경 개선과 관련이 있다고 설명했다. 미국의 외교정책을 지배하는 이런 식의 윤리 원칙에 비춰보면 고문이나 도살 행위는 아주 사소한 일에 지나지 않는다.

생활수준의 향상 문제는 어떨까? 케네디 대통령의 '진보를 위한 동맹 Alliance for Progress'이 이 문제를 해결하려 했던 것으로 알려져 있다.¹ 사실 '진보를 위한 동맹'이 이루어놓은 발전도 대개 미국 투자가들의 요구에 맞춘 것이다. 이로 인해 기존의 왜곡된 경제구조는 더 심화됐다. 라틴아메리카 사람들은 수출용 농작물을 생산하느라 옥수수나 콩 등 정작 자신들이 먹을 농작물 생산은 줄여야만 했다. 또한, 이 동맹의 정책이 실시되면서 이 지역의 육류 생산은 늘어났지만 반대로 소비는 줄어들었다.

이처럼 수출 지향 농산물 개발 모델은 보통 국민총생산^{GNP}은 올라가는 '경제 기적$^{economic\ miracle}$'을 낳지만, 그 이면에서 국민 대다수는 굶주리게 된다. 이런 정책을 추구하게 되면 필연적으로 대중이 반발하게 되고, 이를 억누르기 위해서 정부는 테러와 고문을 자행한다(테러를 활용하는 것은 미국의 정책에 뿌리 깊이 스며들어 있다. 일찍이 1818년에 존 퀸시 애덤스는 "제멋대로 날뛰는 인디언과 검둥이 무리들"을 다루는 데 테러가 "아주 효과적"이라며 맞장구쳤다. 그는 플로리다에서 토착민들을 완전히 몰살한 후, 에스파냐 점령지였던 그곳을 미국 땅으로 만든 앤드루 잭슨의 만행을 정당화하기 위해 글을 썼다. 토머스 제퍼슨을 비롯해서 많은 사람들이 그가 보여준 지혜에 크게 감명받았다).

테러의 첫 단계는 경찰을 이용하는 것이다. 경찰은 국민의 불만을 일찍 감지할 수 있어서 "대수술"(진보를 위한 동맹의 정책 기획안에서 사용한 용어)이 필요해지기 전에 불평의 싹을 제거할 수 있다. 이 때문에 중요하다. 대수술이 필요하게 되면 그때는 군대가 나선다. 미국이 라틴아메리카 국가의 군대를 더 이상 조종할 수 없게 되면, (특히 카리브 해의 중앙아메리카 지역에서는) 그 정부를 직접 전복한다.

미국은 자국의 정책을 거스르려 했던 나라들에 적대감을 드러내고 무력을 행사했다. 대표적인 국가들이 아레발로와 아르벤스구스만이 이끌던 과테말라와 보쉬가 이끌던 도미니카공화국의 민주정부들이다.

둘째 단계는 군부를 이용하는 것이다. 미국은 언제나 타국의 군부와 친분을 맺고자 애써왔는데, 미국의 통제에서 벗어나려는 정부를 전복하는 데 이들을 이용한다. 1973년 칠레와 1965년 인도네시아에서 일어났던 군사 쿠데타가 바로 그랬다.

쿠데타가 일어나기 이전에 미국은 칠레나 인도네시아 정부를 적대시하면서도 군부에는 계속 무기를 보내고 있었다. 우파 장교들과 좋은 관계를 맺어놓으면 바로 그들이 '미국을 위하여' 자기 나라 정부를 전복하는 것이다. 이스라엘 고위 관료들에 따르면, 이 같은 이유로 1980년대 초부터[2] 미국 무기가 이스라엘을 거쳐 이란에 반입됐다고 한다. 이는 1982년에 사실로 드러났다. 미국이 이란에 무기를 공급하기 시작한 때는 이란 주재 미국 대사관 점거와 직원 인질 사태[3]가 벌어지기 훨씬 전이었다.[4]

미국이 통제하던 라틴아메리카 군대의 역할이 '남반구의 방위hemispheric defense'에서 자국민을 대상으로 한 전쟁을 의미하는 '내부적 안정internal security'으로 바뀐 것은 케네디 정권 때였다. 1961년부터 1966년까지 반게릴라 정책 책임자였던 찰스 매클링은 이때를 되돌아보면서, 이 운명적 정책 전환으로 미국은 결국 "하인리히 힘러[5]의 전멸특공대extermination squads 전술"과 "직접적으로 공모"하게 된 셈이라고 말했다.

케네디 행정부는 갈수록 독자 노선을 강화해가는 브라질 민주정부를 전복하려 했고, 결국 1964년에 쿠데타를 유도했다.[6] 브라질 쿠데타의 수뇌부가 고문과 탄압을 자행하며 신나치 형태의 국가 안보 정부를 수립하는 동안, 미국은 쿠데타를 물심양면으로 지원했다. 브라질을 필두로 1960년대

중반부터 1980년대에 이르기까지 아르헨티나와 칠레는 물론 아메리카 대륙 전체에서 유사한 사태가 발생했다. 이 시기에 이들 지역에서는 유혈이 낭자했다(필자는 제2차 세계대전 이후의 미국 대통령들은 모두 탄핵을 받아 마땅할 확실한 법적 근거가 있다고 본다. 그들은 모두 노골적인 전쟁범죄자이거나 심각한 전쟁범죄에 연루되어 있다).

군부는 미국 경제 고문들의 처방을 그대로 자국에 적용했다가 대개 국가 경제를 파탄에 빠트렸고 그 해결책은 민간에 떠넘겨 버리곤 했다. 예를 들자면 IMF(국제통화기금)를 끌어들이는 것 말이다. 이처럼 새롭게 이용할 수 있는 통치 방법이 있다면, 공공연하게 군부 통치를 할 필요가 없게 된다.

IMF는 자금을 빌려주는 대신 '자유화liberalization'를 강요한다. 즉, 해당국의 경제에 외세의 개입과 통제를 허용하도록 강요하면서도 사회보장예산은 무자비하게 삭감할 것을 요구하는 것이다. 이는 부유층과 외국 투자가 세력을 더욱 확고('안정')하게 한다. 이 때문에 제3세계의 전통적인 양극화, 다시 말해, 한편에서는 최상층(그리고 그들을 돕는 대가로 비교적 좋은 보수를 받는 전문가 집단)과 다른 한편에서는 가난과 고통에 허우적거리는 대다수 국민으로 나뉘는 경향이 강화된다.

민중 세력이 정치적으로 도전하여 군부가 '안정'을 회복시켜야 하는 경우가 아니면, 군부 통치가 남겨놓은 부채와 경제 혼란 때문에 이 나라들은 보통 IMF의 요구를 따르지 않을 수 없다.

브라질이 대표적인 예이다. 브라질은 풍부한 천연자원과 고도로 발전한 산업 덕분에 마땅히 부유한 국가가 되어야 했다. 그러나 1964년에 발생한 쿠데타와 그 이후의 요란했던 '경제 기적' 탓에(고문과 학살, 그 밖의 '국민 통제' 수단은 말할 것도 없고), 오늘날 브라질 국민 대다수는 아프리카의 에티오피아에 비견할 만한 비참한 환경에서 살고 있다. 이는 브라질이 동유럽에 비해서도 훨씬 더 열악한 상황에 놓였다는 얘기다.[7]

　브라질 교육장관의 발표에 따르면, 브라질 교육예산의 3분의 1 이상이 학교 급식비로 쓰이고 있다. 공립학교 학생들 대부분이 학교에서 뭐라도 먹지 못하면 그나마 집에서는 아무것도 먹을 수 없기 때문이다.

　《사우스^{South}》(제3세계를 다루는 경제 잡지) 지에 따르면, 브라질의 유아 사망률은 스리랑카보다 높다고 한다. 국민의 3분의 1이 절대빈곤선 수준에도 미치지 못하는 상태에서 허덕이고 있다. 그리고 "버림받은 아이들 700만 명이 거리에서 구걸을 하거나 도둑질을 하고 본드를 흡입하고 있다. 또한, 수백만 명에 달하는 브라질 사람들이 빈민 지역의 판잣집에 살고 있으며 … 다리 밑의 쪽땅이 그대로 집인 사람들도 점점 늘어나는 실정"이다. 이것이 바로 세계에서 가장 풍부한 천연자원을 가진 브라질의 실상이다.

　라틴아메리카도 브라질과 별로 다를 바 없다. 1970년대 후반 이후 중앙아메리카에서는 미국이 지원한 세력이 민주주의와 사회 개혁을 요구한 대중운동을 탄압했다. 이때 살해당한 사람만 해도 거의 20만 명에 달한다. 그 결과, 미국의 위상은 더욱 확고해졌다. 그런데도 진보적이라고 알려진《뉴리퍼블릭$^{New Republic}$》지는 미국을 "우리 시대에 민주주의를 승리로 이끄는 정신적 지주"라고 치켜세웠고, 톰 울프[8]도 1980년대가 "인류 역사상 가장 눈부신 황금기 중 하나"라고 말했다. 스탈린의 말마따나, 미국은 "성공에 취해서 정신줄을 놔버린 것"이다.

십자가에 못 박힌 엘살바도르

엘살바도르에서는 미국 정부가 지지한 독재자들이 국민을 억압, 고문, 살인하는 상황이 수년 동안이나 계속됐지만 미국은 전혀 관심을 보이지 않았다. 엘살바도르의 상황은 미국에서 거의 보도된 적이 없었다. 그러나 1970년대 후반에 이르러 미국 정부는 몇 가지 사실 때문에 엘살바도르에 대해서 우려를 표명하기 시작했다.

첫째는 니카라과의 독재자 소모사가 통제력을 잃어가고 있었다. 그것은 미국이 이 지역에서 힘을 행사하고 있던 주요 기반을 잃는 것을 의미했다. 두 번째 위험은 그보다 더욱 심각했다. 1970년대 당시 엘살바도르에는 '민중 조직popular organizations'이라는 이름의 농민 단체, 조합, 노조, 후에 자립 단체로 발전하게 되는 교회 소속의 성경 연구 모임 등이 성장하고 있었다. 바로 민주주의라는 위협이 자라고 있었다.

1980년 2월, 엘살바도르의 오스카 로메로 대주교는 카터 대통령에게 자국을 통치하고 있는 군사혁명위원회(쿠데타 군사정부)에 군사원조를 하지 말아 달라고 호소하는 편지를 보냈다. 그는 미국이 제공한 군사원조가 결국 "시민들이 지닌 최소한의 인간적 권리를 존중"받기 위해 싸우는 "민중 단체를 더욱 탄압하고 시민들의 인권침해를 강화"하는 데 사용될 것이라고 했다. 말할 필요도 없이 이 일은 미국에서 전혀 뉴스거리가 되지 못했다.

몇 주 뒤 로메로 대주교는 미사 도중에 암살당했다. 사람들은 로메로 대주교의 암살 사건의 배후로 신나치 로베르토 다비송을 지목했다(사실은 그가 저지른 수많은 잔학 행위 중 하나일 뿐이지만). 다비송은 엘살바도르를 통치하고 있는 아레나ARENA 당의 '종신 지도자'였다. 이 당의 당원들은 현 대통령

알프레도 크리스티아너가 했던 것처럼, 이 종신 지도자에게 충성을 맹세하는 피의 서약을 해야 했다.⁹

암살 사건이 발생하고 10년 뒤에 수천 명의 농민들과 도시 빈민들은 외국 주교들이 많이 참석한 가운데 로메로 대주교를 대대적으로 추모하는 행사를 열었다. 미국 쪽 주교만 불참해서 유독 주목을 끌었다. 엘살바도르 교회는 로메로에게 성인 칭호를 내릴 것을 공식적으로 요청했다.

로메로를 암살한 자들을 훈련시키고 자금을 지원한 것은 미국이었다. 하지만 미국 내에서는 로메로 대주교에 대해 거의 한마디도 언급하지 않았다. '역사를 기록하는 신문'이라 자랑하는 《뉴욕타임스 *The New York Times*》에도 사건 당시는 물론 그 이후로도 이 암살을 다룬 사설은 실린 적이 없었다. 암살 사건 10년 뒤에 열린 추모식에 대해서도 사설은커녕 짤막한 기사조차 싣지 않았다.

암살 사건 2주 전인 1980년 3월 7일, 엘살바도르는 미국의 변함없는 개입과 원조를 받으며 이미 봉쇄 상태에 들어간 국민을 대상으로 대대적인 '전쟁'을 개시했다. 최초의 주요한 공격은 리오숨풀에서 벌어진 대규모 학살 사건이었다.¹⁰ 온두라스와 엘살바도르 군대가 합동으로 벌인 이 군사작전으로 최소한 600명이 도륙당했다. 갓난아기들은 마체테 ^machete 11에 마디마디 잘렸고, 여자들은 고문당한 뒤에 강물에 던져져 익사했다. 이 사건 이후 여러 날 동안 동강난 신체의 일부들이 강물에 떠다녔다. 국외 교회재단을 통하여 그곳에 파견된 사람들이 이 사실을 밖으로 알렸지만, 미국의 주요 미디어들은 이 사건을 무시했다.

이 전쟁에서 노동운동가, 학생, 신부 등 국민을 위해 일한 혐의를 받은 사람들과 함께 가장 큰 희생을 겪은 이들은 농민이었다. 카터가 집권한 마지막 해인 1980년에 1만 명이었던 인명 피해는 1981년 레이건 행정부로 넘어오면서 1만 3,000명에 이르렀다.

1980년 10월, 로메로에 뒤이어 새로 임명된 엘살바도르 대주교는 비밀경찰이 주도하여 "무방비 상태의 일반 시민들을 대량 학살한 전쟁"을 비난했다. 그로부터 3개월 후, 미국이 총애하는 '온건파'인 호세 나폴레온 두아르테가 군사혁명위원회가 지지하는 민간 출신 대통령으로 지명됐다. 하지만 그마저 "체제 전복에 반대하는 국민의 편에 서서 용맹스럽게 봉사"한다며 비밀경찰에 대한 찬사를 늘어놓았다.

'온건파' 두아르테는 군부 지도자들의 비리를 은폐하려 했다. 무장 군인들이 미국인 수녀 네 명을 강간하고 죽인 사건이 폭로된 후에도 어떻게든 미국의 지원을 계속 받아야 했다. 이 사건은 미국 내에서도 다소 물의를 일으켰다. 엘살바도르 국민이 도살당하는 것이야 상관없지만, 미국 여론이 악화되는 것을 볼 때 미국인 수녀들을 강간하고 살해한 것은 분명한 실책이었기 때문이다. 하지만 미국의 미디어들은 이 사건을 카터 행정부와 해당 조사위원회가 시키는 대로 적당히 둘러대면서 대수롭지 않게 다루었다.

레이건 행정부의 새 각료들은 심지어 이 만행을 정당화하려고 했다. 알렉산더 헤이그 국무장관과 유엔 주재 미국 대사인 진 커크패트릭이 가장 열심이었다. 그래도 이 사건이 미친 파장 때문에 형식적이긴 하지만 몇 년 후에 실제로 재판이 열렸다. 하지만 살인을 교사한 군사혁명위원회는 무혐의로 판결이 났다.

이 만행을 보도했던 엘살바도르의 독립 신문들은 일찌감치 폐간됐다. 이 신문들은 주류 언론이면서 다소 친기업적 성향을 띠긴 했지만, 군부는 그들이 자신들의 통제 밖에 있다고 여겼다. 1980년에서 1981년 사이에 한 신문사의 편집인이 비밀경찰에 의해 살해당하고, 나머지 언론인들은 외국으로 망명을 하는 통에 언론과 관련한 골치 아픈 문제는 자동으로 해결됐다. 늘 그랬듯이, 미국 신문들은 이 사건도 몇 자 끼적이는 정도 이상으로 다루지 않았다.

1989년 11월, 여섯 명의 예수회 수사와 그들의 요리사, 그리고 요리사의 딸이 군인들에게 살해당한 사건이 벌어졌다. 바로 같은 주에 주요 노조 위원장을 포함해서 대학 여성 단체의 지도자, 인디언 농민 조합 회원 아홉 명, 대학생 열 명 등 적어도 스물여덟 명의 엘살바도르 시민이 살해당했다.

AP통신 특파원 더글러스 그랜트 마인의 보도에 따르면, 엘살바도르 수도의 노동자 거주 지구에 군인들이 난입하여 성인 남자 여섯 명과 많아 봐야 열네 살 정도인 소년을 벽 앞에 한 줄로 세워놓고 총살했다고 한다. 또한 마인은 "그들은 수사도, 인권 운동에 앞장선 사람들도 아니었다. 그렇기 때문에 그들의 죽음은 외부에 거의 알려지지도 않았다"고 덧붙였다.

예수회 신자들은 미국이 창설하여 훈련시키고 장비까지 지원한 정예 조직 아틀라카틀 부대Atlacatl Battalion에 의해 살해당했다. 이 조직은 1981년 3월에 미 육군 특수부대 학교가 반게릴라전 전문가 열다섯 명을 엘살바도르에 파견하면서 창설됐다. 이들은 창설되자마자 대대적인 학살을 시작했다. 미국 교관들조차 이 군인들이 "유별나게 잔인해서 … 우리 교관들은 포로들을 죽인 후 귀만 잘라오지 말고 제발 산 채로 잡아오도록 설득하느라 늘 애를 먹었다"고 말할 정도였다.

1981년 12월, 이들은 살인과 강간, 방화를 자행하면서 1,000명도 넘는 민간인을 살해했다. 그들은 그 뒤에도 수많은 마을을 폭격했고, 사실하거나 물속에 빠뜨리는 등의 방법으로 추가로 수백 명의 민간인을 죽였다. 희생자의 대부분은 여자와 어린이, 노인 들이었다.

아틀라카틀 부대가 예수회 수사들을 죽인 사건은 그들이 미군 특수부대에서 훈련받은 직후에 벌어졌다. 교육 뒤에 만행을 저지르는 이런 패턴은 이 특수부대가 창설된 이래로 항상 되풀이돼왔다. 가장 잔인했던 사건 중 일부는 이들이 미국에서 새롭게 훈련받은 직후에 벌어졌다.

'이제 막 민주주의가 움튼' 단계였던 엘살바도르에서는 빈민가와 피난민 캠프 소탕 과정에서 잡혀온 열세 살밖에 안 된 어린 10대 청소년들이 강제로 군인이 되어야 했다. 이들 청소년들은 변태적이고 악마적인 심리 상태로 살인을 저지를 수 있도록 폭력과 강간 등 나치친위대에서 따온 전례에 따라 교육을 받았다.

엘살바도르 군대 훈련의 실체는 1990년 미국 텍사스에서 정치 망명을 허락받은 한 탈영병에 의해 폭로됐다. 그 당시 미 국무부는 그를 엘살바도르로 다시 돌려보내야 한다고 요구했다(법원은 엘살바도르의 죽음의 특공대로부터 그를 보호하기 위해 그의 이름을 밝히지 않도록 명령했다).

이 탈영병에 따르면 징집된 사람들은 개와 콘도르 같은 새의 목을 이로 물어뜯거나 머리를 비틀어 죽여야 했고, 군인들이 반대파 혐의자들을 고문하고 죽이는 행위를 지켜봐야 했다고 한다. 예컨대, 군인들은 그들의 손톱을 뽑아내고, 목을 자르고, 죽은 시체를 토막 내거나 잘려진 팔을 가지고 장난을 치며 놀았다.

자신이 아틀라카틀 부대와 관련 있는 엘살바도르 죽음의 특공대라고 양심 선언한 세사르 빌맨 호야 마르티네스도 미국 고문단과 엘살바도르 정부가 죽음의 특공대의 만행과 관련이 있다는 사실을 상세하게 밝혔다. 인권단체가 탄원을 제기하고 의회가 그의 증언을 요청했음에도 불구하고 당시

미국이 엘살바도르에서 목표로 했던 것은
대체로 '성공적'으로 달성했다. 이 과정에서
수만 명이 학살당했고, 100만 명 이상이 피난민이 됐다.
미국이 엘살바도르에서 저질렀던 일은 미국 역사상
가장 비열했던 행위 중 하나이지만,
이에 못지않은 사건들도 수없이 많다.

부시[12] 행정부는 그의 입을 틀어막으려 온갖 방법을 동원했다. 결국 부시 행정부는 돌아가면 살해당할 것이 분명한 엘살바도르로 그를 돌려보내는 데 성공했다(예수회 수사 암살 사건의 중요한 증인 역시 그렇게 처리됐다).

엘살바도르에서 일하던 가톨릭 신부 다니엘 산티아고는 예수회 잡지《아메리카_America_》에 엘살바도르 군사 훈련의 결과를 다음과 같이 생생하게 묘사했다. 어느 날 한 여인이 밭에서 일을 마치고 집에 돌아와 보니 어린 자식 셋과 어머니, 여동생이 식탁 주위에 빙 둘러 앉아 있었다. 그런데 그들은 모두들 각자 자신의 잘려진 머리를 몸뚱이 앞의 식탁에 조심스럽게 올려놓고 그 위에 손을 얹고 앉아 있었다. 그 모습은 마치 "몸뚱이들이 잘려진 자기 머리를 어루만지고 있는 듯이 보였다".

엘살바도르 방위군에서 파견된 이 살인자들은 18개월짜리 아기의 머리를 똑바로 세우기가 힘들자 아기의 두 손을 아예 머리 위에 놓고 못을 박아버렸다. 식탁 가운데에는 멋이라도 내려는 듯, 붉은 피가 가득 담긴 큰 플라스틱 대접이 놓여 있었다.

산티아고 신부에 따르면 이런 소름 끼치는 장면은 그리 드문 일이 아니었다고 한다.

엘살바도르에서는 죽음의 특공대가 사람을 그냥 죽이지만은 않는다. 그들은 사람들의 머리를 베어 창에 꽂아 이곳저곳에 세워놓았다. 엘살바도르 재무경찰도 남자들의 배를 갈라 내장을 꺼내는 데 그치지 않고, 생식기를 잘라내어 시체들의 입에 물려놓기까지 했다. 방위군은 여자들을 강간하고 난 다음 자궁을 잘라내어 얼굴에 덮어놓았다. 그들은 어린이들까지 단순히 죽이는 데만 만족치 않고, 시체의 살이 뼈에서 다 떨어져 나갈 때까지 철조망 위로 질질

끌고 다니면서 부모들에게 그 광경을 지켜보도록 강요했다.

이어서 산티아고 신부는 교회가 가난한 사람들을 조직화하기 위해 농민 조합과 자립 단체를 구성하기 시작하고서부터 이런 폭력이 더욱 심해졌다고 지적했다.

미국이 엘살바도르에서 목표로 했던 것은 대체로 '성공적'으로 달성했다. 로메로 대주교가 우려했던 대로 민중 조직들은 다 사라져버렸다. 이 과정에서 수만 명이 학살당했고, 100만 명 이상이 피난민이 됐다. 미국이 엘살바도르에서 저질렀던 일은 미국 역사상 가장 비열했던 행위 중 하나이지만, 이에 못지않은 사건들도 수없이 많다.

니카라과에 가르친 교훈

1970년대에 미국의 주요 미디어가 외면한 나라는 엘살바도르만이 아니었다. 1979년에 독재자 아나스타시오 소모사 정부가 무너지기까지 10년 동안 미국의 TV를 비롯한 모든 방송 매체가 니카라과에 할애한 시간은 기껏해야 총 1시간뿐이었는데, 그마저도 모두 수도인 마나과에서 발생한 지진에 관한 것이었다.

《뉴욕타임스》는 1960년에서 1978년 사이에 니카라과에 대한 사설을 딱 세 번 실었다. 니카라과에서 아무 일도 벌어지지 않아서가 아니었다. 오히려 그곳에서 일어난 일들이 주목받을 가치가 없다고 여겨서다. 적어도 소모사의 잔악한 통치가 위기에 몰리지 않는 한, 니카라과는 전혀 관심거리가 되지 못했다.

1970년대 후반, 산디니스타에 의해 소모사의 통치가 실제 위기에 몰리게 되자, 미국은 "소모사 없는 소모시스모Somocismo (소모사주의)"를 시도했다.[13] 즉, 부패한 전체 체제는 그대로 놔두고 맨 꼭대기의 통치자만 바꾸는 것이다. 그러나 그것이 여의치 않자, 카터 대통령은 미국 영향력의 발판이 될 소모사의 방위군만큼은 어떻게든지 유지하려고 했다.[14]

니카라과 방위군은 유난히 잔인하고 변태적이었다. 1979년 6월, 이들은 산디니스타와 전쟁을 하면서 마나과의 주택가 지역을 폭격하여 수만 명을 참살하는 대규모의 잔학 행위를 저질렀다. 당시 미국 대사는 방위군에게 폭격을 중지하라고 하는 것은 "잘못된 조언"이라는 내용의 전보를 백악관에 보냈다. 산디니스타를 몰아내고 방위군이 권력을 유지하도록 하려는 미국의 계획에 차질을 빚을 수도 있어서였다.

또한, 미국 대사는 미주기구OAS 측에 '소모사 없는 소모시스모'에 대한 협조를 요청했으나, 미주기구는 이 제안을 대놓고 퇴짜 놓았다. 며칠 후 소모사는 니카라과 국고에 남아 있던 것을 챙겨 마이애미로 도망을 갔고, 방위군도 붕괴했다.

카터 행정부는 니카라과 방위군 지휘관들을 적십자 표시가 달린 비행기에 실어 탈출시켰는데, 이는 전쟁범죄에 해당하는 행위였다. 그리고 니카라과 국경 지역에서 이들 방위군을 재조직했다. 또, 카터 행정부는 아르헨티나를 하수인으로 이용했다(당시 아르헨티나는 신나치 성향의 장군들이 통치하고 있었다. 이들은 미국의 요청을 받고는 자국민을 고문하고 학살하던 와중에 잠시 니카라과 방위군의 재건을 도왔다. 이런 노력으로 니카라과 방위군 잔당들은 나중에 '콘트라', 즉 '자유의 투사'라는 이름으로 재건됐다).

레이건은 그들을 이용하여 니카라과에 대항한 대규모 테러 전쟁을 일으켰으며, 그보다 더 치명적인 경제전까지 병행했다. 또, 미국은 니카라과에 각종 원조를 제공하지 못하도록 다른 나라들을 협박하기도 했다.

그러나 천문학적인 수준에 이르는 군사 지원에도 불구하고, 미국은 니카라과 내에서 지속적으로 활동이 가능한 군사력을 만들어내는 데 실패했다. 생각해보면 이 사실은 대단히 주목할 만한 일이었다. 전 세계에서 미국으로부터 이처럼 막대한 지원을 받았던 게릴라 부대는 없었기 때문이다. 이 규모의 지원이라면 미국 산악 지역 같은 곳에서 충분히 게릴라 반란을 시작할 수 있을 정도였다.

미국은 왜 니카라과에 그토록 집착했던 것일까? 국제적으로 유명한 자선 구호단체인 옥스팜Oxfam은 76개 개발도상국에서 활동한 경험에 기초하여 다음과 같이 그 실제 이유를 설명했다. "니카라과는 … 국민의 생활 조건을 개선하고 국가 발전 과정에 국민의 직접적 참여를 보장하겠다는 … 공약을 충실하게 지켰다는 점에서 예외적인 정부다."

옥스팜이 중요한 역할을 했던 중앙아메리카 4개국(엘살바도르, 과테말라, 온두라스, 니카라과) 중에서 오직 니카라과만이 불평등한 토지 소유를 바로잡았다. 또, 가난한 농민 가족들에게 보건과 교육, 농업 관련 지원을 확대하기 위해 실질적으로 노력했다.

다른 기관들도 이와 비슷한 이야기를 했다. 1980년대 초에 세계은행IBRD 조차도 니카라과의 이런 노력에 대해 "몇몇 부문에서 세계의 다른 어느 나라와도 비교할 수 없을 정도로 눈부신 성공을 거두었다"고 평가할 정도였다. 또, 1983년에 인터아메리칸개발은행IADB도 "니카라과는 사회적 부문에서 주목할 만한 발전을 이루어 장기적인 사회·경제 발전의 기초를 닦았다"

고 했다.

산디니스타 개혁이 성공하자 미국의 정책 담당자들은 두려움에 사로잡혔다. 코스타리카 민주주의의 아버지 호세 피게레스가 말한 대로, 미국은 "니카라과에 역사상 최초로 국민을 위해 일하는 정부가 생겼다"는 사실을 깨닫게 됐다(피게레스는 중앙아메리카에서 40년 동안 줄곧 민주주의 운동의 지도자였지만, 미국의 미디어들은 중앙아메리카 현실에 대해 그가 보여준 통찰력을 묵살해버렸다).

산디니스타가 자원을 빈민들에게 나누어주고, 나아가 개혁이 성공을 거두면서 미국이 보인 증오는 정말로 두 눈 뜨고 볼 수 없을 지경이었다. 미국의 정책 입안자들이 모두 증오감에 사로잡히더니 급기야 분노를 터트렸다.

일찍이 1981년 미 국무부의 한 내부 인사는 미국은 "니카라과를 중앙아메리카의 알바니아로 만들어"버리겠다고 큰소리쳤다. 니카라과를 고립시켜 빈곤에 빠뜨린 후 정치적으로 혼란을 조성하겠다는 것인데, 라틴아메리카에 새롭고 모범적인 정치적 모델을 창조하려는 산디니스타의 꿈을 산산이 부셔놓겠다는 것이다.

조지 슐츠는 산디니스타가 "바로 우리의 대륙에 자라고 있는 암"이라며 반드시 제거해야 한다고 주장했다. 정치적으로는 그의 반대편이던 상원의 자유주의자 앨런 크랜스턴도 산디니스타를 제거할 수 없을 땐, 그들을 "자신들 내부에서 곪아 터지도록" 하면 된다고 했다.

이를 위해 미국은 세 가지 차원에서 니카라과에 대한 공격에 착수했다. 첫째, 세계은행과 인터아메리칸개발은행에 극심한 압력을 넣어 니카라과에 대한 모든 사업과 원조를 중단하도록 했다.

둘째, 옥스팜이 적절하게 표현했듯이, 미국은 "모범적 선례가 내포하고 있는 위협"을 제거하기 위해 비합법적인 경제 전쟁과 함께 콘트라 전쟁을 시작했다. 미국의 지시에 따라 '소프트타깃soft target'[15]에 가했던 콘트라의 사악한 테러 공격은 니카라과에 대한 국제적 보이콧과 더불어 니카라과의 경제 발전과 사회 개혁에 대한 모든 희망을 짓밟았다. 미국의 테러로 인해 산디니스타는 옛 니카라과 군대를 사회 개혁에 맞춰 재조직할 수 없었다. 또, 보잘것없고 제한된 자원이나마 있었지만, 미국이 지원했던 독재자들과 레이건 정권의 범죄적 행위 탓에 이마저도 파괴된 것을 재건하는 데 사용할 수 없었다.

가장 믿을 만한 중앙아메리카 특파원인 줄리아 프레스턴(당시《보스턴글로브The Boston Globe》지 소속)은 "미국 행정부 관리들은 콘트라의 활동에 맞서 산디니스타가 사회개발에 이용해야 할 귀한 자원을 전쟁에 사용했고, 이 덕분에 그들 스스로 약화되는 것을 만족스럽게 여긴다"고 보도했다. 니카라과의 사회개발계획은 주변국들에 영향을 미쳐 미국의 침략과 약탈 구조를 약화시킬 '모범적 선례'가 될 수도 있었기 때문이다.

미국은 심지어 재난 구호조차 거부했다. 1972년 소모사 정권 당시 니카라과에 지진이 났을 때에는 미국이 엄청난 양의 원조를 했다. 미국의 친구 소모사가 원조금 대부분을 가로채버리긴 했지만 말이다. 산디니스타가 통치하던 1988년 10월, 1972년의 지진보다 훨씬 더 무서운 허리케인 후안Joan이 니카라과를 덮쳤다. 하지만 이번에 미국은 니카라과에 땡전 한 푼도 보내지 않았다. 미국이 원조금을 보낸다면 그 자금이 부자들의 호주머니가 아니라 국민들에게 돌아갔을 테니 말이다. 또, 미국은 우방국들에게도 압력을 가해 니카라과를 돕지 못하도록 했다. 허리케인으로 인해 니카라과에서 기아와 생태계 파괴가 예상되자 오히려 미국은 고소하다며 니카라과 파괴 공작에 박차를 가했다. 미국은 니카라과 국민들을 굶주리게 해서 산디니스타의 경제정책이 실패했다고 비난할 구실을 만들고자 한 것이다. 미국의 통제에서 벗어나려 했으니 니카라과인들은 고통을 겪다가 죽어 마땅했다.

셋째, 미국은 니카라과를 파괴하기 위해 외교적 속임수도 썼다. 코스타리카의 《메조아메리카*Mesoamerica*》지에서 토니 애비르간은 "산디니스타는 코스타리카 대통령 오스카 아리아스와 중앙아메리카의 다른 국가 대통령이 저지른 사기에 빠져 (1990년) 2월 선거에서 패배하고 말았다"고 지적했다.[16]

애비르간에 따르면 1987년 8월의 평화안은 니카라과의 입장에서 볼 때 유리한 것이었다. 그들은 "콘트라의 활동을 중지하고 전쟁을 끝낸다는 조건으로" 1984년에 그랬던 것처럼 예정된 국민투표를 몇 달 앞당기고 국제 참관인도 허용하기로 했다. 니카라과 정부는 평화안이 요구하는 모든 것을 그대로 따랐다. 하지만, 어느 누구도 그 점에 대해 손톱만큼의 관심조차 기울이지 않았다.

아리아스와 백악관, 상원은 애초부터 평화안을 지킬 생각 따위는 안중에도 없었다. 미국은 콘트라를 지원하는 CIA의 수송기 수를 오히려 세 갑절 늘렸고, 두 달이 채 못 돼서 평화안은 휴지 조각이 되고 말았다.

선거운동이 시작되자 미국은 산디니스타가 선거에서 이길 경우, 니카라과에 대한 봉쇄 조치와 콘트라의 테러 행위가 계속될 것이라는 사실을 분명히 했다. 나치주의자거나 혹은 구제 불능의 스탈린주의자가 아니고서야 이런 환경에서 치러지는 선거를 자유롭고 공정하다고 볼 사람은 아무도 없을 것이다. 그럼에도 불구하고 국경 남부에서는 그런 기만에 넘어간 사람이 거의 없었다.

미국의 '적'이 조금이라도 미국과 비슷한 짓을 저질렀다면 언론이 어떤 반응을 보였을지는 독자 여러분의 상상에 맡기겠다. 《뉴욕타임스》는 "미국

중앙아메리카 특파원인 줄리아 프레스턴은
미국 행정부 관리들은 콘트라의 활동에 맞서
산디니스타가 사회개발에 이용해야 할 귀한 자원을 전쟁에 사용했고,
이 덕분에 그들 스스로 약화되는 것을
만족스럽게 여긴다'고 보도했다.

식 페어플레이의 승리"에 대해 미국인들이 "기쁨으로 하나가 됐"[17]다고 일면 기사의 제목을 달았다. 하지만 진짜로 놀라운 것은, 이런 상황에서도 산디니스타가 여전히 총유권자의 40퍼센트의 지지를 받았다는 점이다.[18]

지난 15년 동안[19] 미국이 중앙아메리카에서 거둔 성과란 실제로는 거대한 비극이었다. 소름 끼치는 인명 피해 때문만은 아니었다. 10년 전만 해도 엘살바도르와 과테말라 그리고 니카라과에는 의미 있는 민주주의를 향한 참다운 진전에 대한 전망과 국민들의 요구를 충족시킬 가능성이 있었기 때문이다.

그들의 노력이 성공했다면 유사한 문제로 고통받고 있는 다른 나라에도 훌륭한 본보기가 됐을지도 모른다. 미국의 정책 담당자들이 그토록 두려워하던 바로 그 본보기 말이다. 그러나 이제 이들을 두렵게 했던 그런 위협은 성공적으로, 아니, 어쩌면 영원히 제거됐을지도 모른다.

킬링필드로 변한 과테말라

산디니스타 혁명 이전에 미국 언론에 언급된 중앙아메리카 국가가 있었는데 바로 과테말라였다. 1944년 과테말라에는 혁명이 일어나 난폭한 폭군이 쫓겨나고 루스벨트의 뉴딜 정책을 토대로 한 민주정부가 수립됐다. 10년 동안의 민주적 과도기를 거쳐 과테말라는 성공적으로 자주적 경제 발전을 시작했다.

미국은 병적으로 흥분했다. 아이젠하워와 덜레스는 그 바이러스를 완전히 근절하지 않는 한 미국의 '자기방어와 자기보존권'은 위기에 빠질 것이라고 경고했다. 미국의 정보 보고서들은 과테말라의 민주정부가 가져올 위험성에 대해 매우 노골적으로 지적했다.

CIA의 1952년도 비망록은 과테말라의 상황이 "사회 개혁과 민족주의적 정책을 열렬히 지지하는 … 공산주의자들의 영향" 때문에 "미국의 이해와 상반되는" 것으로 묘사하고 있다. 또, 과테말라가 "최근 다른 중앙아메리카 국가의 공산주의자들이나 반미 운동가들의 활동에 대한 지원을 크게 늘려 왔다"고 경고했다. 대표적인 예로, 과테말라 정부가 호세 피게레스에게 30만 달러를 선물한 사례를 들고 있는데, 이는 진위가 극히 의심스러운 주장이었다.

앞서 언급한 바와 같이, 피게레스는 코스타리카 민주주의의 선구자이면서 중앙아메리카의 지도적 민주주의 인사였다. 물론 그는 CIA에 적극적으로 협조했고, 미국을 "우리가 추구하는 대의의 기수"라고 불렀다. 코스타리카 주재 미국 대사도 그를 두고 "유나이티드프루트 사가 라틴아메리카에서 찾을 수 있는 최고의 홍보업자"라고 부를 정도였으니 말이다. 하지만 그는 자주적인 경향이 있었다. 이 때문에 미국은 니카라과의 소모사나 미국이 고용하고 있는 다른 '깡패'들만큼이나 그를 전적으로 믿을 수는 없었다.

미국의 정치적 수사법에 따르면, 이 같은 사실만으로도 미국은 그를 "공산주의자"로 만들 수 있었다. 따라서 과테말라 민주정부가 선거에서 승리하도록 그에게 자금을 대준다는 것은 결국 공산주의자를 지원한다는 것을 의미한다.

앞선 CIA 비망록에 따르면, 과테말라에는 더욱 심각한 문제가 있었다. "외국의 경제적 이해, 특히 유나이티드프루트 사에 대한 박해"를 포함하여 과테말라 민주정부가 펼치는 "급진적이면서도 민족주의적인 정책"이 "거의 모든 과테말라 국민들로부터 지지나 묵인을 받고 있다"는 점이었다. 더 나아가 과테말라 정부는 대지주들의 세력을 약화시키는 한편, "아직까지 정치적으로 활발하지 못한 농민 계급을 동원"하고 있었다.

또, 1944년의 혁명은 "과거의 전형이었던 군사독재, 사회적 퇴보, '경제적 식민주의' 등으로부터 과테말라를 해방시키기 위한 강력한 국민적 운동"을 불러일으켰다. 그리고 애국심을 깨우침과 동시에, "정치적으로 각성한 과테말라 국민 대부분의 이익을 대변하려고 했다". 과테말라가 토지개혁에 성공하자, 고통받고 살던 이웃 나라 국민들이 이를 주목하면서 그 나라들의 '안정'이 위협받기 시작했다.

간단히 말해서, 상황이 대단히 험악해진 것이다. 그러자 CIA는 쿠데타를 일으켰고, 그 결과 과테말라는 킬링필드로 바뀐 채 오늘에 이르렀다. 그 후로 미국의 정책 노선에서 조금이라도 벗어나기만 하면, 어김없이 미국의 간섭이 되풀이됐다.

1970년대 후반에 다시 잔학 행위가 심해지자 미국은 말로나마 항의하는 척했다. 하지만 과테말라에 보내는 미국의 군사 원조는 카터의 '인권' 행정부 시절 때조차 이전과 똑같은 수준으로 유지됐다. 우방국들도 이에 동참했는데, 특히 이스라엘의 활동이 주목할 만하다. 이스라엘이 국가 차원의 테러리즘을 성공적으로 수행한 점 때문에 미국은 이스라엘을 '전략적 보고'로 여기고 이를 활용한 것이다.

거의 종족 말살에 가까운 학살을 저지르던 과테말라에 대해 레이건 정부가 보낸 지지는 한마디로 무아지경에 이를 정도였다. 리오스 몬트는 미국이 지지한 과테말라의 '히틀러'들 중 가장 잔인했지만, 레이건은 그가 민주주의를 위해 혼신을 다하는 인물이라며 극찬했다. 1980년대 초기, 이들 미국의 친구들은 수만 명의 과테말라 국민을 도살했다. 학살당한 사람들의 대부분은 고산 지역에 사는 인디언들이었으며, 그 밖에도 헤아릴 수 없이 많은 사람들이 고문과 강간을 당했다. 그리고 이 과정에서 수없이 많은 주거지가 파괴됐다.[20]

1988년, 갓 창간된 《라에포카*La Epoca*》라는 과테말라의 신문이 정부의 사주를 받은 테러리스트에 의해 폭파당했다. 당시 미국 언론들은 미국의 지원을 받는 니카라과 신문 《라프렌사*La Prensa*》가 단순히 종이의 품절로 신문 발행을 두어 번 쉬게 된 걸 두고 야단법석을 떨고 있었다. 《라프렌사》는 공공연하게 니카라과 산디니스타 정부 전복을 선동하고 미국이 운영하는 테러 부대를 지지하는 신문이었다. 그런데, 《워싱턴포스트*The Washington Post*》와 그 밖의 언론들은 이 일이 산디니스타의 전체주의적 언론 탄압 때문에 발생한 것이라며 온갖 비난을 퍼부어댔다.

반면, 《라에포카》가 폭탄 공격으로 폐간된 사실에 대해선 아무도 관심을 두질 않아 미국에서는 전혀 보도가 되지 않았다. 미국 언론인들은 이 사실을 아주 잘 알고 있었는데도 말이다. 하긴 미국의 지원을 받는 과테말라 비밀경찰이 과테말라에서 희미하나마 자주적인 목소리를 내려 했던 신문의 입을 틀어막았다는 것을 미국 언론이 보도하길 바라는 게 어불성설이긴 하다.

《라에포카》 출신 언론인 훌리오 고도이는 폭발 사건 이후에 미국으로 피했다가 1년 뒤 잠깐 동안 과테말라를 방문했다. 미국으로 다시 돌아온 그는 중앙아메리카와 동유럽의 상황을 비교하면서, 동유럽인들은 그나마 "중앙아메리카 사람들보다 운이 좋은 편"이라며 다음과 같이 그 이유를 설명했다.

모스크바의 강압으로 프라하[21] 정부는 국민을 무시하고 모욕했지만, 워싱턴

이 세운 과테말라 정부는 이런 사람들을 아예 죽여버렸다. (국제사면위원회의 표현대로) "정부[22] 주도의 정치적 살인 프로그램"에 따라 15만 명 이상의 희생자를 냈는데, 사실상 이 같은 대규모 학살은 지금도 계속되고 있다.

이런 상황에서 언론은 순종하든가, 그렇지 않을 경우엔 《라에포카》처럼 사라졌다.

이어서 고도이는 "백악관 내의 일부 사람들이 혹시나 아즈텍 신을 섬기고 있어서, 이처럼 중앙아메리카 사람들의 피를 제물로 바치고 있는 게 아닌가 하는 생각이 들 때도 있다"고 말했다. 또, 그는 서유럽의 한 외교관의 말을 인용하기도 했다. "미국인들이 남아메리카에 대한 태도를 바꾸지 않는 한, 그곳에서 진실과 희망이란 존재할 수가 없다."

파나마 침공

파나마는 전통적으로 인구의 10퍼센트도 되지 않는 소수의 유럽인 특권층이 통치해왔다. 그러나 1968년 포퓰리스트 오마르 토리호스 장군이 쿠데타를 일으키면서 상황이 바뀌었다. 토리호스 장군은 가난한 흑인과 메스티소[mestizo 23]들이 그의 군사독재하에서 조금이나마 권력에 참여할 수 있게 해주었다.

1981년 토리호스가 비행기 사고로 사망한 뒤, 1983년에 이르러서는 토리호스와 미국 정보기관의 친구였던 범죄자 마누엘 노리에가가 실권을 쥐게 됐다.[24]

미국은 적어도 닉슨 행정부가 노리에가의 암살을 고려했던 1972년부터 이미 그의 마약 밀매 관련 사실을 알고 있었다. 하지만 그는 여전히 CIA와 관계를 맺고 있었다. 1983년 미국 상원의 한 위원회는 파나마가 마약 밀매와 밀매 자금 세탁의 본산지라고 결론지었다.

하지만 그 이후에도 미국 정부는 노리에가를 계속 이용했다. 심지어 1986년 5월, 미국 법무부 마약단속국 국장은 노리에가가 "강력한 반마약 밀매 정책"을 편다면서 그를 칭찬했다. 1년 뒤에도 그는 여전히 노리에가와 "밀접한 관계 유지를 환영"했으며, 당시 법무장관이었던 에드윈 미스도 노리에가의 범죄 행위에 대한 법무부의 조사를 중지시켰다. 1978년 8월 중앙아메리카와 파나마에서의 미국 정책을 담당하고 있던 국무부 관리 엘리엇 에이브럼스는 노리에가를 비난하는 상원의 결의안에 반대하기도 했다.

1988년 노리에가가 마이애미에서 기소됐을 때, 그의 범죄 사실은 단 하나만 제외하고는 모두 1984년 '이전'에 저지른 행위들과 관련된 것이었다. 즉, 니카라과에 대해 미국이 벌인 전쟁을 돕거나, 미국이 부정을 눈감아준 파나마 선거에서 승리하는 등, 대체로 그가 충직한 하수인으로서 미국의 이익에 부응해 저지른 일들이었다. 그가 깡패이고 마약 장사꾼이라는 사실은 어느 날 갑자기 알려진 일이 전혀 아니었다.

연이은 연구에서 드러난 것처럼, 노리에가에 대한 평가가 달라진 것은 충분히 예상 가능한 일이었다. 이 야만적인 폭군이 독자 노선이라는 범죄를 저지르는 순간, 그는 존경스러운 친구에서 '나쁜 놈'이나 '쓰레기 같은 인간'으로 바뀌게 되는 것이다. 이들이 저지르는 공통적인 실수는 빈민들을 약탈하는 데 그치지 않고 ─ 거기까지는 괜찮다 ─ 특권층에 간섭하기 시작해 기업가들이 볼멘소리를 하게 만든다는 것이다.

노리에가는 1980년대 중반에 이런 범죄들을 저질렀다. 그가 콘트라 전쟁에서 미국을 돕는 일에 늑장을 피웠던 것이 한 예다. 게다가 그가 독자적으로 움직이자 파나마 운하$^{Panama\ Canal}$에 대한 미국의 이익에 위협이 됐다.[25] 마침 1990년 1월 1일부터 운하 관리권의 거의 대부분이 파나마로 넘어갈 예정이었고, 2000년에는 완전히 파나마가 맡기로 되어 있었다. 따라서 미국은 그 전에 자신이 확실히 조종할 수 있는 사람이 파나마를 통제할 수 있도록 해야 했다.

노리에가가 미국의 명령을 따를 것이라고 더 이상 장담할 수 없었기에 그는 제거되어야 했다. 워싱턴은 제재를 가해 파나마의 경제를 사실상 파괴시켰고, 이로 인해 국민의 대다수인 가난한 유색인들이 고통을 겪게 됐다. 따라서 그들 역시 노리에가를 미워하게 됐지만, 적어도 그가 자신들의 어린 자식들을 굶주리게 만든 (누구든 관심 있는 사람이라면 알 수 있듯이 불법적인) 경제 전쟁에 책임이 있다고 생각한 것은 아니었다.

이어서 미국은 군사 쿠데타를 시도했으나 실패했다. 그러자 미국은 1989년에 파나마를 대놓고 침공하여 수백 혹은 수천의 민간인들 —정확한 숫자는 누구도 알 수 없고, 리오그란데 북부 사람들[26]은 그 숫자에 관심조차 두지 않았다 —을 살해했다. 그 결과로 파나마의 권력은 토리호스의 쿠데타로 물러났던 부유한 백인 특권층에게 다시 돌아갔다. (유럽의 한 극우파 언론이 지적한 것처럼) 1990년 1월 1일 운하 관리권 이양 시기를 앞두고 미국의 이해관계에 충실한 정부를 구성하기에 딱 적절한 때에 말이다.

미국 언론들은 워싱턴의 의도대로 움직였는데, 당장의 필요에 따라 악당을 선별적으로 만들어냈다. 과거에 미국이 노리에가에게 허락했던 행위들이 이제는 범죄가 됐다. 예를 들어 1984년에 있었던 파나마 대통령 선거에서 원래 승자는 아르눌포 아리아스였으나, 노리에가가 끔찍한 폭력과 부정한 행위로 승리를 가로챘다.

하지만 그 당시까지만 해도 노리에가가 미국에 불손하게 굴지는 않았다. 파나마에서 그는 미국 편이었고, 미국은 아리아스가 이끈 당이 '국수주의'적 위험이 있다고 여겼다. 따라서 레이건 행정부는 노리에가에게 폭력과 부정을 부추기는 한편, 국무장관 슐츠를 파나마에 파견해 부정선거를 승인해주기까지 했다. 정도를 벗어난 산디니스타가 따라야 할 본보기는 바로 노리에가 방식의 '민주주의'라고 찬양하면서.

미국 정부–언론 동맹은 이 부정선거에 대해서는 비판을 자제하는 한편, 같은 해에 치러진 산디니스타의 선거가 훨씬 자유롭고 공정했다는 사실은 무시했다. 미국 마음대로 조종할 수 없어서였다.

1989년 5월, 노리에가는 또다시 부정선거로 승리를 도둑질했다. 그러나 이번 상대는 재계의 대표자인 기예르모 엔다라였다. 이 선거에서 노리에가는 1984년에 비해서 그나마 폭력을 덜 사용했는데도, 이번엔 레이건 행정부가 노리에가를 지지하지 않는다는 신호를 보냈다. 예상할 수 있는 각본에 따라 언론은 그가 미국이 추구하는 고상한 민주주의적 기준에 미치지 못한다며 분노했다.

또, 미국 언론은 과거에는 관심조차 갖지 않던 노리에가의 인권유린을 격렬하게 비난하기 시작했다. 미국이 파나마를 침공했던 1989년 겨울, 미국 언론은 노리에가를 훈족의 아틸라[27] 이래 가장 사악한 괴물로 악마화시켰다(기본적으로는 리비아의 카다피를 악마화시켰던 것과 똑같았다). 테드 코펠[28]은 "노리에가는 카다피, 이디 아민, 아야톨라 호메이니처럼 미국인들이 그토록 미워하는 국제적 악당들과 형제지간"이라고 했다.[29] 댄 래더[30]는 그를 가

리커 "세계의 마약 도둑과 쓰레기 같은 인물 리스트에서 단연 첫 번째"로 꼽았다. 그러나 사실 노리에가는 이와 달리 아주 하찮은 좀도둑에 불과했고, CIA에 '고용'되어 있었을 때와 조금도 다르지 않았다.

예를 들어, 1988년에 미국 인권 감시 단체인 '아메리카스워치Americas Watch'가 파나마의 인권 상황이 꽤 심각하다는 보고서를 내놓은 적이 있다. 하지만 이 보고서나 이 밖의 다른 조사에서도 분명히 드러난 것처럼, 노리에가가 저지른 인권유린 행위의 정도는 미국의 조종을 받은 다른 남미 국가들과 그리 다른 게 아니었다. 또, 노리에가가 미국의 지시를 따르는 충직한 하수인이었던 시절에 비해 더 나빠진 것도 아니었다.

온두라스의 경우를 예로 들어보자. 온두라스는 엘살바도르나 과테말라 같은 살인적 테러 국가는 아니지만, 인권유린에 관해서는 파나마보다 더 심했다. 사실 온두라스에는 CIA가 훈련시킨 부대가 하나 있었는데, 이들의 잔학 행위는 노리에가가 저지른 것보다 훨씬 더 잔인했다.

또한, 미국의 지원하에 1980년대를 주름잡았던 도미니카공화국의 독재자 트루히요, 니카라과의 소모사, 필리핀의 마르코스, 아이티의 뒤발리에[31]와 중앙아메리카의 다른 깡패 집단들을 생각해보자. 미국은 이들이 몇 십년에 걸쳐 소름 끼치는 잔학 행위를 저지르는 동안 이들을 적극적으로 지원했다. 미국이 이익을 얻을 수 있는 한 말이다. 부시 행정부는 모부투[32], 차우셰스쿠[33], 사담 후세인 등 노리에가보다 훨씬 더 나쁜 범죄자들에게 계속 지지를 보냈다. 그들 중 가장 악독한 살인마인 인도네시아의 수하르토는 아직도 미국 정부와 언론에서 '온건파'로 대접받고 있다.[34]

미군이 노리에가의 인권유린을 비판하며 파나마를 침공한 바로 그 순간, 부시 행정부는 미국 기업들에게 3억 달러짜리 사업이 걸렸다는 점을 강조

하면서 중국에 새로운 첨단 기술을 판매한다고 발표했다. 이 교섭은 톈안
먼_{天安門}사건이 난 지 몇 주 지나지 않아 비밀리에 재개됐다.

파나마를 침공한 바로 그날, 백악관은 이라크에 취했던 차관 금지 조치
를 해제한다고 발표했다(이 계획은 발표 후에 바로 이행됐다). 국무부는 뻔뻔
하게도 이 조치가 "미국의 수출을 늘리려는 목적"을 달성하기 위한 것이
며, "이라크의 인권 상황을 다루는 데 미국이 더 유리한 위치에 서기 위한
것"이라고 설명했다.

부시가 후세인에 반대하는 이라크의 민주적 야당 세력(은행가, 전문가 등)
을 문전박대하고 그의 오랜 친구인 사담 후세인의 잔악한 범죄를 단죄하려
한 의회를 방해할 때도 미 국무부는 내내 같은 입장을 고수했다. 바그다드
와 베이징에 있는 부시의 친구들에 비하면, 노리에가는 차라리 테레사 수
녀처럼 보일 지경이었는데도 말이다.

파나마 침공 후 부시는 파나마에 대한 10억 달러 지원 계획을 발표했다.
하지만 그 지원금 가운데 4억 달러는 파나마에 상품을 수출하는 미국 기업
을 위한 인센티브로 사용됐고, 1억 5,000만 달러는 은행 융자를 갚는 데 쓰
였다. 또 다른 6,500만 달러는 민간 기업에 대한 융자와 미국 투자가들에
대한 담보금으로 사용됐다. 즉, 지원금의 반은 미국 납세자들이 미국 기업
인들에게 거저 주는 선물이었던 셈이다.

침공 후 미국은 은행가들에게 파나마의 권력을 넘겨주었다. 그러나 은행
가들이 한 짓에 비하면 노리에가가 관련된 마약 밀매는 사소한 일에 불과
했다. 파나마에서는 주로 은행이 마약 밀매를 지휘했기 때문이다. 은행 조
직은 사실상 규제를 받지 않아서 자연히 범죄 자금의 통로가 됐다. 파나마
의 경제가 아주 인위적인 성격을 가지게 된 것도 이 때문이다.[35] 침공 후에

도 그 상황은 여전했고, 어쩌면 한층 심화됐을 것이다. 파나마 방위군 역시 기본적으로 과거의 장교들을 근간으로 재구성됐다.

대체로 모든 것이 예전과 똑같았지만 한 가지 다른 것이 있었다. 이제는 전보다 더 믿을 만한 심복들이 권력을 쥐고 있다는 것이다(그레나다의 경우도 마찬가지인데, 이곳도 미국의 침공 후 마약 자금 세탁의 중심지가 됐다. 니카라과도 1990년 선거에서 미국이 지지하는 후보가 승리한 이후에 미국 시장에 들어오는 마약의 주요 통로가 됐다. 늘 벌어지는 전형적인 패턴인데도 잘 알아채지 못한다).

동남아시아 예방접종

인도차이나에서 미국이 벌인 전쟁도 일반적으로 동일한 패턴을 따랐다. 1948년 국무부는 호찌민이 이끄는 반프랑스 저항운동인 베트민^{Viet Minh}이 베트남의 '고유한' 민족운동이라는 사실을 분명히 알고 있었다. 하지만, 베트민은 그 지역의 소수 토착 지배자들의 통치권을 인정하지 않았다. 또, 이들은 자주적 발전을 선호하고 외국 투자가들의 이익을 무시했다.

베트민이 정권을 장악하게 될 경우, 미국은 정책 담당자들이 수년 동안 거듭 사용했던 용어를 빌리자면, "썩은 사과가 퍼"지고 "바이러스"가 그 지역을 "전염"시킬까 봐 두려웠다(몇몇 정신 나간 사람들과 바보들을 제외한다면, 베트민의 정권 장악을 두려워할 사람은 아무도 없었는데도 말이다. 미국은 베트민의 성공적 발전이 긍정적 본보기가 될까 봐 두려웠다).

바이러스에 걸리면 보통 어떻게 하는가? 먼저 그 바이러스를 제거한 후에는 감염될 가능성이 있는 사람에게 예방접종을 실시하여 더 이상 확산되지 못하게 한다. 바로 이것이 제3세계에서 미국이 취한 기본 전략이다.

가능하다면 그 지역의 군대가 바이러스를 제거하는 것이 바람직하다. 만약 이들이 하지 못하면 미군을 투입해야 한다. 물론 비용도 더 들고 모양새도 좋지 않지만, 때로는 그렇게 할 수밖에 없는 경우가 있다. 베트남이 바로 그런 경우였다.

1960년대 후반까지 미국은 이 분쟁을 정치적으로 해결하고자 했던 모든 시도를 가로막았다. 심지어 미국이 지원하는 남베트남 사이공의 장군들이 추진했던 협상까지도 그랬다. 만약 당시에 정치적 해결이 이루어졌다면, 베트남은 미국의 영향력에서 벗어나 성공적으로 발전했을 것이다. 하지만 미국은 이를 도저히 용납할 수 없었다.[36]

케네디 행정부는 처음엔 남베트남에서 대규모 국가 테러를 자행하다가 점차 노골적인 침략으로 사태를 악화시켰다. 케네디에 이어 존슨은 대규모 원정군을 보내 남베트남에서 일어난 전쟁을 인도차이나 전역으로 확산시켰다. 그 결과 '바이러스'를 완전히 제거했는데, 이러한 피해를 입은 인도차이나가 100년 안에 원상회복될 수 있다면 정말 운이 좋은 것이리라.

미국은 베트남에서 발병한 자주적 발전이라는 '병'을 뿌리 뽑는 와중에도 1965년 수하르토가 이끈 인도네시아 쿠데타, 1972년 페르난드 마르코스의 필리핀 민주정부 전복[37], 한국과 타이의 계엄령 등을 지원하면서 이같은 '병'의 확산을 막았다.

서방은 특히 1965년 인도네시아에서 일어난 수하르토의 쿠데타를 환영했다. 왜냐하면, 대중적 기반이 있는 유일한 정당인 인도네시아 공산당이 제거됐기 때문이다. 쿠데타는 단 몇 개월 동안에 70만 명의 목숨을 앗아갔으며, 희생자의 대부분은 토지가 없는 농민들이었다. 《뉴욕타임스》의 주요

논객인 제임스 레스턴은 이에 대해 "아시아에 서광이 비친다"고 만족해하면서, 미국도 이러한 성공에 한몫했다고 떠들었다.

수하르토가 그러한 범죄에 대한 자신의 책임을 일부 털어내자, 《크리스천사이언스모니터 *The Christian Science Monitor*》지는 인도네시아의 "새로운 '온건한' 지도자"라고 그를 묘사했고, 서방은 그와 함께 사업을 하게 된 것을 매우 흡족해했다. 런던의 저명한 《이코노미스트 *The Economist*》지는 이 엄청난 살인마를 "마음속 깊이 자비로운" 인물이라고 독자들에게 강조했다. 물론 서방 다국적기업에 대해 그가 보인 적극적인 태도를 두고 한 말이었지만.

1975년 베트남전쟁이 끝난 후, 미국은 정책의 주목적을 자신들이 저지른 폭력으로 황폐화된 나라들이 더 큰 고통을 겪도록 하는 데 두었다. 그 잔인함이 어느 정도였는지 실로 경악스러웠다.

메노파·Mennonites **38** 교도들이 캄보디아에 연필을 보내려고 하자, 국무부는 이를 막으려 했다. 또, 옥스팜이 태양열 펌프 열 개를 보내려 했을 때나 미군의 폭격이 남긴 불발탄을 파낼 수 있도록 여러 종교단체들이 라오스에 삽을 보내려 했을 때도 반응은 마찬가지였다.

미군의 공격으로 몰살당한 물소 떼 대신에 인도가 베트남에 물소 100마리를 보내려 했을 때, 미국은 인도에 제공할 예정이었던 평화 원조 식량을 취소하겠다고 협박했다. 여기서 명심할 것은 베트남처럼 낙후된 나라에서는 물소가 비료이자 농기계일 뿐 아니라, 생존의 필수 요소 그 자체라는 사실이다.**39** 정말이지 미국이 저지른 짓들은 조지 오웰도 감탄할 정도였다. 워싱턴의 사디스트들이 보여주는 잔인함에는 끝이 없다. 미국의 지식인들은 상황이 어떤지 뻔히 알면서도 이런 상황을 고의적으로 외면했다.

미국은 베트남에게 피해를 입히기 위해 동맹국인 중국과 타이를 통해 간접적으로 크메르루주$^{Khmer\ Rouge40}$를 지원했다. 베트남이 다시 회복될 수 없도록 확실히 하기 위해 캄보디아인들까지도 피를 흘려야 했던 것이다. 베트남 사람들은 미국의 폭력에 저항했다는 이유로 이런 가혹한 처벌을 받아야 했다.

좌파와 우파를 통틀어 사람들이 뭐라고 떠들든, 사실 미국은 인도차이나에서 주요하게 목적했던 바를 달성했다. 즉, 베트남이 붕괴되면서, 베트남이 성공적으로 발전하여 인근 국가들에게 모범이 될지도 모를 위협도 덩달아 사라져버린 것이다.

물론, 미국 쪽에서도 완전한 승리라고 볼 수는 없었다. 애초 미국의 더 큰 목적은 인도차이나를 미국이 지배하는 세계 체제로 다시 편입시키는 것이었지만, 그것을 성취하지는 못했다.

그러나 적어도 미국은 근본적인 목표만큼은 성취했다. 결정적이면서도 중요했던 목표, 즉 바이러스 제거 말이다. 베트남은 반신불수가 됐고, 미국은 베트남이 그 상태에서 벗어나지 못하도록 할 수만 있다면 무슨 짓이든 다했다. 1991년 10월, 미국은 유럽 동맹국들과 일본의 격렬한 반대를 묵살해가며 베트남에 대한 봉쇄와 제재를 갱신했다. 제3세계의 그 어떤 나라도 감히 반항해서는 안 된다는 것을 가르쳐야 했기 때문이다. 만약 이들이 입에 담기조차 무서운 그런 범죄를 저지른다면, 이 세계의 통치자인 미국은 이들을 가차 없이 처벌할 것이다.

걸프전쟁

선전의 베일을 벗겨내면 분명히 알게 되듯이, '걸프전쟁'도 미국이 견지해 온 지도적 원칙을 잘 보여준다.

1990년 8월, 이라크가 쿠웨이트를 침공했을 때, 유엔안전보장이사회는 즉각 이라크를 비난하면서 혹독한 제재를 가했다. 유엔이 그토록 신속하면서도 전례 없이 단호한 반응을 보인 건 무엇 때문이었을까? 미국의 정부-언론 동맹은 이에 대해 모범 답안을 제시한다.

첫째, 이라크의 침공은 특별한 범죄이므로 이라크 역시 가혹한 처벌을 받아 마땅하다는 것이다. "미국은 침략 행위를 반대했고 무력으로 합법적 정권을 무너뜨리려는 자들에 맞서 싸워왔듯이, 앞으로도 그럴 것이다." 이 말은 그 자신이 파나마를 침략한 바 있는 부시 대통령이 한 말이다. 또, '국제사법재판소'도 미국의 니카라과 침공을 "비합법적인 무력 사용"이라며 비판한 바 있다. 하지만 미국 언론과 지식인 들은 부시가 보여준 숭고한 원칙의 위대함에 경외감을 나타내며, 그가 하사한 선전 글귀들을 충성스럽게 되풀이하여 읊었다.

둘째, 이들 미국의 정부-언론 동맹은 유엔이 마침내 본래의 설치 목적에 부합하는 기능을 발휘했다고 장황하게 선언했다. 냉전이 끝나기 전에는 이것이 불가능했다는 것이다. 왜냐하면 소련이 방해했고, 제3세계 국가들이 서방에 반대하는 목소리를 낸 탓에 그 당시 유엔은 무능했기 때문이란다.

하지만, 조금만 자세히 살펴보면 이 두 가지 주장은 사실이 아니라는 것이 단번에 드러난다. 미국은 걸프전쟁에서 무슨 고고한 원칙을 추구한 것이 아니었다. 이는 다른 나라들도 마찬가지였다. 미국이 사담 후세인에게

미국이 사담 후세인에게
전례 없는 반응을 보인 것은
그의 난폭한 침략 행위 때문이 아니었다.
단지 그가 미국의 심기를 건드렸기 때문이다.

전례 없는 반응을 보인 것은 그의 난폭한 침략 행위 때문이 아니었다. 단지 그가 미국의 심기를 건드렸기 때문이다.

사담 후세인이 살인 깡패인 건 맞다. 하지만, 그건 그가 미국의 친구였고 우호적인 무역 상대였던 걸프전쟁 이전에도 마찬가지였다. 그가 쿠웨이트를 침공한 것은 분명히 범죄 행위지만, 미국과 동맹국들이 수없이 저지른 유사한 범죄 행위와 크게 다른 것도 아니었다. 오히려 그들이 저지른 일부 끔찍한 행위들과는 비교할 수도 없었다. 예를 들자면, 인도네시아의 수하르토는 미국과 동맹국들의 확고한 지원에 힘입어 동티모르를 침공하여 병합했다.[41] 수하르토는 이 과정에서 거의 종족 말살에 가까운 잔학 행위를 저질렀다. 동티모르 인구 70만 명 가운데 적어도 4분의 1이 살해당했는데, 이는 인구 비례로 볼 때 같은 해에 폴 포트[42]가 저질렀던 대규모 학살을 능가하는 도살이었다.

당시 유엔 주재 미국 대사였던 대니얼 모이니핸은 유엔의 동티모르 문제 관련 논의에서 자신이 이룬 성과에 대해 다음과 같이 언급했다. "미국은 상황이 늘 예전처럼 되기를 원했고, 이를 실현하기 위해 노력을 아끼지 않았다. 즉, 미 국무부는 유엔이 어떤 조치를 취하든 철저하게 무기력하게 만들었던 것이다. 마침 그 임무가 나에게 주어졌고, 나는 임무를 성공적으로 수행했다."

호주 외무장관은 "세계란 힘으로 남의 것을 뺏은 사례들이 수두룩할 정도로 매우 불공정한 곳"이라고 일축하면서, 인도네시아의 동티모르 침공과 병합을 정당화했다. 인도네시아가 티모르의 풍부한 원유를 약탈할 당시에 자신들도 끼어들어 한몫 챙겼던 사실도.[43] 그러나 이라크가 쿠웨이트를 침공한 것에 대해서는 "강대국이 이웃 약소국가를 침공하고도 벌을 받지 않는다는 것은 있을 수 없는 일"이라며 요란한 성명을 냈다. 서방은 동티모르 문제에서는 냉소적인 태도를 보였으면서도 이라크 문제에서는 도덕군자로 행세하는 데 전혀 거리낌이 없었다.

유엔이 애초의 설치 목적대로 움직이자, 강압적으로 표현의 수단을 통제했던 '정치적 올바름'의 수호자들이 철저히 숨겨온 사실이 드러났다. 즉, 소련이나 제3세계가 아니라 미국 같은 강대국이 유엔의 활동을 방해한 것 말이다. 미국은 1970년 이후 유엔안전보장이사회가 다룬 문제들에 다른 어느 나라보다도 '훨씬' 더 많이 거부권을 행사해왔다(그다음이 영국이고, 영국 한참 밑으로 프랑스, 소련이 뒤를 잇는다).

미국은 유엔총회에서도 마찬가지였다. 제3세계 국가들이 내는 "시끄럽게 서방에 반대하는 목소리"라는 것에도 알고 보면 공통점이 있었다. 즉, 강대국들도 국제법을 지켜야 한다는 것이었다. 물론 강대국의 약소국 약탈을 막는 데는 국제법만으로는 너무 취약했지만.[44]

유엔은 미국이 '허용'해준 덕분에 이라크의 쿠웨이트 침공에 대해서만큼은 대응할 수 있었다. 유엔의 제재가 전례 없이 가혹했던 것도 미국의 강한 압력과 위협에 따른 것이다. 이 제재는 그 자체가 혹독했을 뿐만 아니라, 상습적으로 유엔의 제재에 반대해왔던 미국과 영국, 프랑스가 지지했기 때문에 실제로 효과를 발휘할 수 있었다. 이들 국가들에게는 유엔을 이용할 수 있는 드물지만 좋은 기회였던 것이다.

그러나 미국은 이라크에 대한 제재를 용인하고서는 즉각 거대한 군사력을 페르시아 만[45]에 급파하면서 외교적 해결책을 막아버렸다. 영국이 여기에 가세했고, 페르시아 만 연안의 산유국들을 통치하는 세습 독재 정권들도 지원했다. 그 밖의 나라들은 명목상으로 참여했다.

소규모 군사력을 한동안 주둔시켜도 제재 조치는 상당한 효과를 거두었을 것이다. 하지만 50만이라는 거대한 병력이 동원되면 평화적인 해결은 불가능해진다. 미국이 신속하게 군사력을 배치했던 것은 이라크가 쿠웨이트에서 평화적인 방법으로는 철수하지 못하도록 막기 위해서였다.

그렇다면 외교적 해결 방안은 왜 관심을 받지 못했을까? 하지만 1990년 8월 2일 이라크의 쿠웨이트 침공이 있고 몇 주도 되지 않아 실현 가능한 정치적 해결의 기본 윤곽은 이미 제시됐다. 유엔의 〈안전보장이사회 결의안 Security Council Resolution 660〉은 이라크의 쿠웨이트 철수와 더불어 국경 문제에 대한 협상도 요구했다. 8월 중순이 되자, 미국 국가안전보장회의는 같은 맥락에서 이라크의 철수 제안을 검토했다.[46]

이라크는 두 가지 문제를 제시했던 것으로 보인다. 첫째는, 페르시아 만 사용을 둘러싼 것이다. 과거 영국이 서남아시아를 분할할 당시에 쿠웨이트에 귀속시킨 지역 중 사람이 살지 않는 갯벌 지역이 두 군데 있었는데, 이라크는 임대 계약이나 다른 방법으로 이 지역에 대한 사용권을 얻고자 했다(당시의 분할로 인해 이라크의 해상로는 실질적으로 막혀버렸다). 둘째는, 이라크와 쿠웨이트 간 국경이 분명치 않은 지역에서 쿠웨이트 쪽으로 2마일 정도 들어가 있는 유전 지대에 대한 분쟁을 마무리 짓자는 것이었다.

미국은 이 제안은 물론이고 이라크와의 협상이란 것 자체를 단호하게 거부했다. 8월 22일 자 《뉴욕타임스》는 이라크의 제안 내용은 밝히지 않은 채(분명히 알고 있었으면서도), 부시 행정부가 "위기가 완화"될 위험성 때문에 그런 "외교적 경로"는 무시하기로 했다는 기사만 실었다(1주일 뒤 롱아일랜드의 일간지 《뉴스데이 Newsday》가 이라크의 제안 내용을 기사화했지만, 대부분의 언론은 침묵을 지켰다).

1991년 1월 2일 미국 관리가 발표한 바에 따르면, 폭격 직전에 이라크가 마지막으로 내놓은 제안은 쿠웨이트에서의 완전 철수였다고 한다.[47] 이번에는 국경과 관련된 요구 사항은 없었고, 다만 '연계'[48]되는 다른 문제들만 있었다. 즉, 서남아시아의 대량 살상 무기와 이스라엘-아랍 분쟁 등에 대해 사안을 특정하지 않은 채 합의를 하자는 것이었다.

후자는 이스라엘이 레바논 남부를 불법으로 점령한 문제[49]를 포함하고 있다. 이는 이스라엘의 즉각적이고 무조건적인 철수를 요구한 1978년 3월의 〈안전보장이사회 결의안 425〉를 위반한 것이었다. 미국은 이라크의 최후 제안을 고려할 의사가 전혀 없었다. 《뉴스데이》를 제외한 언론들은 이 사실을 감춘 채, 부시의 고고한 원칙만 소리 높여 찬양했다.

미국은 외교적으로 '연계'된 문제를 다루는 데 반대하는 입장이었기 때문에, 이라크의 제안에 담긴 '연계'된 문제들을 고려하는 것조차 전면적으로 거부했다. 이는 이라크가 쿠웨이트를 침공하기 몇 달 전에 미국이 대량 살상 무기에 관한 이라크의 협상 제안을 거절했을 때에 이미 예견됐다. 당시 이라크는 지역 내 다른 나라들이 대량 살상 무기를 폐기한다면, 자신도 모든 생화학 무기들을 폐기하겠다고 제안했다.

그때만 해도 사담 후세인은 부시의 친구였고 동맹자였기 때문에 미국은 다소 훈계조로 반응했다. 미국은 이라크가 자국의 무기를 없애겠다는 것이야 환영하지만, 그것을 "다른 문제나 무기 체계"와 연계시키는 것은 원치 않는다고 했다.

당시 미국은 "다른 무기 체계"에 대해 구체적으로 언급하지는 않았는데, 거기엔 그럴 만한 이유가 있었다. 이스라엘은 생화학 무기뿐만 아니라, 서남아시아에서 유일하게 핵무기를 보유하고 있는 나라이기 때문이다(약 200

개 정도). 그러나 '이스라엘의 핵무기'라는 단어는 미국 정부의 어떠한 공식 자료에도 기록하거나 언급할 수가 없었다. 1977년 만들어진 미국의 대외 원조법은 핵무기를 비밀리에 개발하는 나라에 대한 미국의 지원을 금지했기 때문이다. 따라서 이 단어를 사용할 경우, 이스라엘에 보내는 미국의 모든 원조가 합법성 논란에 휩싸일 수 있었다.

이라크의 침공과는 별도로, 미국은 팔레스타인의 자결권 승인과 국제회의를 포함해 서남아시아의 모든 '평화 과정^{peace process}'을 거부했다. 20년 동안 이런 입장을 고수한 것은 실제로 미국 하나뿐이었다. 이 때문에 유엔의 투표는 매년 똑같은 패턴을 보였다. 걸프 위기가 한창이던 1990년 12월에 있었던 팔레스타인 관련 국제회의 소집 요청을 둘러싼 표결도 마찬가지였다. 결과는 144 대 2였는데, 미국과 이스라엘만 반대했다. 당시 국제회의 소집은 이라크와 쿠웨이트 간 벌어진 분쟁과는 아무런 상관이 없었는데도 그랬다.

또, 미국은 이라크가 국제법에 따라 평화적으로 쿠웨이트에서 철수하겠다는 것조차 완강히 거부했다. 그 대신에 미국은 가급적 외교적 방법은 피한 채, 군사력을 사용할 수 있는 쪽으로 상황을 몰고 갔다. 그러면 강대국은 아무런 제지도 받지 않고 제3세계의 적대국을 제압할 수 있었다.

이미 언급했듯이 미국은 직접 침략하거나 지원하면서, 이라크의 쿠웨이트 침공보다 훨씬 더 큰 범죄를 저지르기도 한다. 오직 정부 일에 헌신적인 관료들만이 이런 사실들을 이해하지 못한다. 아주 드문 일이긴 하지만, 미국이 어쩌다 종속국이나 동맹국이 저지르는 불법 행위에 반대할 때가 있긴 하다. 하지만 이들은 그럴 때라야 미국이 외교적 '연계'를 반긴다는 점도 이해하지 못한다.

예컨대, 1960년대에 국제사법재판소와 유엔이 불법이라고 선언했던 남아프리카공화국의 나미비아 점령을 살펴보자. 미국은 수년 동안 '조용한 외교^{quiet diplomacy}'와 '건설적 포용^{constructive engagement}'을 추진하며 협상을 중재했는데, 침공과 잔학 행위의 대가로 남아프리카공화국 측에 푸짐한 보상을 안겨줬다. 나미비아의 주요 항구를 남아프리카공화국 측에 넘겨주기도 했다. 나아가 미국은 이 협상을 카리브 해 문제나 미국의 다국적기업에 특혜를 주는 문제로 '연계'시켰다.[50]

나미비아의 이웃 앙골라를 남아프리카공화국의 침략에서 지켜주었던 쿠바 군대도 철수했지만, 미국은 그러지 않았다. 미국은 1987년 '평화협정' 후의 니카라과에서처럼 자국과 동맹국(남아프리카공화국과 자이르)의 지원을 받았던 테러 부대를 계속 지원하고 있었다. 또한, 1992년 니카라과에서처럼, 평화협정에 연이은 선거에서 주민들은 미국의 경제봉쇄와 테러 공격의 위협을 감수한 채 투표해야 했다.[51]

그러는 동안 남아프리카공화국은 나미비아를 약탈, 파괴했고, 인근 국가에 폭력을 휘두를 기지로 이용했다. 그들이 행사한 폭력으로 말미암아 레이건-부시 시절(1980~1988)에만 600억 달러의 재산 피해가 발생했으며, 나미비아와 남아프리카공화국을 제외한 인근 국가에서만 무려 150만 명이 넘는 사람들이 목숨을 잃었다. 그러나 관료들은 이 점을 보지는 않고, 부시가 '연계'에 반대한다는 원칙을 멋들어지게 과시하기만 하면 두 손 들고 환영부터 했다. 누군가가 미국의 심기를 건드렸을 때만 그런다는 것도 모르고 말이다.

그러나, 일반적으로 '연계'에 반대한다는 것은, 늘 광범위한 문제를 다루기 마련인 외교 자체를 거부하는 것과 다를 바 없다. 그래서 이라크의 쿠웨이트 침공 문제에서 미국이 취한 입장은 특히 설득력이 없었다. 사담 후세인이 미국의 정책에서 벗어나자, 부시 행정부는 이라크의 침공 능력을 제거해야 한다며 안전보장을 위한 지역 협정까지 제안했다. 일찍이 미국은 사담 후세인이 자국의 하수인이던 시절에 저지른 침공과 잔학 행위를 지원하던 때와는 달리 올바른 입장을 취하긴 했지만.

바로 이런 것이 '연계'라는 것이다. 따라서 상황은 단순했다. 미국은 외교적 수단이 "위기를 완화시킬"까 봐 우려한 나머지, 전쟁으로 치닫는 동안 매번 외교적 '연계'를 막았다.

미국은 외교를 거부함으로써 페르시아 만에 대한 주요 목적을 달성했다. 즉, 비할 바 없이 풍부한 서남아시아의 석유를 미국이 통제하고, 여기서 나오는 막대한 이익으로 미국과 미국의 위성국인 영국의 경제를 지탱하는 것 말이다.

미국은 자신의 지배적 위치도 강화했으며, 세계는 힘으로 통치된다는 교훈도 남겼다. 미국은 '안정' 유지에 계속 주력했고, 이를 위해 걸프 지역 독재 국가의 민주적 변화를 철저하게 막았다. 또, 사담 후세인이 걸프전쟁 당시 미국의 방어선에서 몇 마일밖에 떨어져 있지 않은 남부의 시아파 민중봉기와 북부의 쿠르드족을 진압했을 때도 암묵적으로 지원했다.

그러나 부시 행정부는 그들의 대변자라고 할 수 있는《뉴욕타임스》국제 문제 담당 수석 칼럼니스트인 토머스 프리드먼이 말한 것은 달성하지 못했다. 그는 "가능한 최선의 대안은 사담 후세인이 빠진 이라크 군사평의회의 철권통치" 수립이라고 말했다. 이것이 사담의 철권통치가 이라크를 하나로 통합했던 행복한 시대로 복귀하는 것이며, 미국의 동맹국인 터키나 사우디아라비아도 상당히 만족할 대안이란 것이다. 워싱턴에 있는 '왕두목'인 미국은 더 말할 필요도 없겠다. 걸프 지역에서 벌어지고 있는 일들은 모든 실권을 손에 쥔 강대국이 우선권을 행사한다는 점을 보여준다. 미국이 제시하는 지도적 원칙만을 되풀이하는 사람들은 깨닫지 못하는 자명한 사실이다.

은폐된 이란-콘트라 사건

이란-콘트라 사건이 폭로된 1986년보다 훨씬 이전에 이미 이 사건의 주요 측면들은 널리 알려졌다. 한 가지를 제외하면 말이다. 즉, 이스라엘을 경유한 대이란 무기 판매와 백악관 내 올리 노스[52]의 사무실에서 추진된 니카라과에 대한 불법적인 콘트라 전쟁이 서로 관련 있다는 사실 말이다.

이스라엘을 통한 이란으로의 무기 선적은 의회 차원의 조사와 특별검사를 통해 사건이 알려진 1985년에 시작된 것이 아니었다. 무기 선적은 1979년에 이란의 샤 왕조[53]가 몰락한 바로 직후부터 시작됐다. 1982년 무렵에는 이스라엘이 이란에 무기를 대량으로 공급하고 있다는 것은 세상이 다 아는 사실이었다. 《뉴욕타임스》 1면에서도 이에 대한 기사를 접할 수 있을 정도였다.

후에 이란-콘트라 청문회에서 이름이 거명된 이스라엘의 주요 인물들은 1982년 2월 BBC 방송에 나와 이란의 호메이니 이슬람 정권으로 무기를 공급하는 과정에서 자신들이 어떤 도움을 주었는지 밝혔다. 1982년 10월 미국 주재 이스라엘 대사는 이스라엘이 "거의 최고 고위층 수준에서 … 미국과 협력하여" 호메이니 정권 측에 무기를 보냈다고 공개적으로 언급했다. 이 일과 관련된 이스라엘의 고위 관료가 이란에 무기를 공급한 이유를 밝힌 바 있다. 그에 따르면, 샤 왕조가 통치하던 시절에 있었던 기존의 제도들을 다시 복구시키고, 호메이니 정권을 전복할 수 있는 이란 군부 요인들과 관계를 확립하기 위해서였다고 한다. 앞에서도 언급한 바 있듯이 군부에 대한 지원을 통해 민간정부를 전복하는 표준적인 작전 과정이었던 셈이다.

콘트라 전쟁에서 불법적으로 진행된 올리버 노스-CIA 작전의 기본적인 사실들은 이 사건이 문제화되기 1년 전인 1985년에 이미 알려졌다(미국 수송기가 격추당해 유진 해슨퍼스라는 CIA 요원이 니카라과에 포로로 잡혔던 것이다). 단지 언론이 고의적으로 외면했을 뿐이다.

그렇다면 결국 무엇 때문에 이란-콘트라 사건이 드러났던 것일까? 그 이유는 이 사건을 더 이상 감출 수 없었기 때문이다. 해슨퍼스가 CIA를 위해 콘트라에 무기를 수송하다가 니카라과에서 격추당해 생포되었을 때, 그리고 레바논 언론에서 미국 국가안전보장회의의 한 보좌관이 테헤란에서 '성경'과 '초콜릿 케이크'를 나누어주고 있다고 보도했을 때에는 둘 사이의 관계를 더 이상 숨길 수 없게 된 것이다.[54]

이제 미국은 그다음 단계로 움직이는데, 바로 피해 대책 문제이다. 이 사건에 뒤이은 후속 조치들은 바로 피해 대책을 위한 것들이었다. 이 모든 문제들과 관련하여 더 알고 싶다면, 필자가 쓴 다음의 책들을 읽어보라.《숙명의 트라이앵글*Fateful Triangle*》(1983),《흐름 바꾸기*Turning the Tide*》(1985),《테러리즘의 문화 *Culture of Terrorism*》(1987).

동유럽의 앞날

1980년대 동유럽에서 일어났던 사건들에 특기할 점은 '제국의 지배력'이

깨끗이 사라졌다는 것이다. 소련은 대중운동이 벌어지도록 허용했을 뿐만 아니라, 실제로 고무하기까지 했다. 역사상 그와 같은 예는 거의 없었다.

물론 소련인들이 좋은 사람들이었기 때문은 아니다. 그들은 단지 국내의 필요에 따라 움직였을 뿐이다. 하지만, 어쨌든 그런 상황은 '벌어졌'다. 그 결과 동유럽의 대중운동은 미국의 세력권에서 벌어졌다면 직면했을 참혹한 상황을 피할 수 있었다. 엘살바도르 예수회의 신문이 아주 적절하게 지적했듯이, 만약 그러한 운동이 엘살바도르에서 벌어졌다면, 바츨라프 하벨 (정치범이었다가 나중에 체코슬로바키아 대통령이 됨)은 감옥에 갇히지 않고, 온몸이 토막 난 채 길가에 아무렇게나 버려졌을 것이다.

소련은 심지어 과거에 자신들이 자행한 폭력까지도 사과했는데, 이 역시 전례가 없는 일이었다. 이를 두고 미국 신문들은 소련의 아프가니스탄 침공이 국제법을 어긴 범죄임을 소련 스스로 인정함으로써 마침내 문명 세계에 합류했다고 떠들었다.[55] 아주 재미난 반응이다. 어떤 미국 언론인이 미국도 크렘린의 도덕 수준만큼 올라가야 하고, 베트남과 라오스, 캄보디아 침공이 국제법을 어겼다는 점을 인정해야 한다고 주장했다고 한번 상상해보시라.

공산당 독재정치가 붕괴하면서 극단적인 폭력 사태가 벌어졌던 유일한 동유럽 국가는 루마니아였다. 그런데 루마니아에서는 미국에 비해 소련의 영향력이 크지 않았다. 루마니아의 집권자였던 니콜라에 차우셰스쿠는 영국을 방문하는 동안 극진한 대접을 받았고, 미국도 그에게 최혜국대우를 했으며 무역상의 이익을 주었다.

차우셰스쿠는 이후에 그랬던 것과 똑같이 애초부터 잔인하고 광기에 차 있었다. 그러나 그가 바르샤바조약 Warsaw Pact[56]에서 사실상 탈퇴하여 독자적 행보를 하고 있던 관계로, 미국은 세계적인 냉전 체제에서 그를 어느 정도는 자기 편이라고 여겼다(미국은 '다른 쪽'의 제국에 속하는 한 독립을 지지한다).

그 밖의 동유럽 지역에서의 봉기는 지극히 평화적이었다. 물론 일부 마찰이 없지 않았지만, 역사적으로 봤을 때 1989년은 독특한 해였다. 필자는 역사에 이와 조금이라도 유사했던 경우는 없다고 본다.

그러나 필자가 보기에 동유럽의 앞날은 매우 어둡다. 서방세계는 동유럽 지역 대부분을 착취하기 쉬운 새로운 제3세계의 일부로 만들려고 하고 있다.

서유럽과 동유럽 사이에는 일종의 식민지 관계가 존재해왔다. 냉전 체제의 주요한 원인 중 하나는 서방의 자원 공급지인 동유럽에 대한 소련의 지배력이 확대되었기 때문이기도 했다. 지금 이 관계가 재형성되고 있는 와중인데, 이 지역에서의 약탈과 착취라는 경주에서 승자가 되려는 국가들 사이에 심각한 다툼이 벌어지고 있다. 현재 선두를 달리고 있는 독일이 이끄는 서유럽, 예상되는 이익의 정도를 재면서 차례를 기다리고 있는 일본, 그리고 행동을 개시하려는 미국 중에서 과연 누가 최후의 승자가 될까?

동유럽에는 사용 가능한 자원이 무궁무진하고, 공장 가동에 필요한 값싼 노동력도 풍부하다. 하지만, 먼저 자본주의 모델을 받아들여야 한다. 미국은 자국에서는 받아들일 수 없는 것을 제3세계에게 받아들이라고 고집을 부린다. 그 모델이란 IMF 체제를 말한다. 만약 동유럽이 이 체제를 받아들이기만 하면, 이들을 착취하는 것은 식은 죽 먹기다. 결국 동유럽은 브라질이나 멕시코와 다름없는 역할을 새로 맡게 될 것이다.

여러 면에서 동유럽은 투자가들에게 라틴아메리카보다 더 구미가 당기는 곳이다. 그 이유 중의 하나는 그곳 사람들이 파란 눈을 가진 백인이라는 점이다. 이 때문에 서유럽이나 미국같이 인종차별이 심한 사회에서 온 투자가들은 이들을 상대하기가 더 수월하다.

더 중요한 점은 동유럽이 라틴아메리카에 비해 국민들의 보건 상태와 교육 수준이 훨씬 높다는 것이다. 이 점에서 라틴아메리카는 극소수의 부유한 특권층을 제외하면 완전히 황폐화된 곳이다. 반면 쿠바는 극히 드문 예외인데 보건과 교육 면에서 서구 수준에 가깝다. 이 나라의 앞날이 대단히 어둡긴 하지만 말이다. 동유럽과 라틴아메리카 사이에 불균형이 생긴 것은 라틴아메리카에서 스탈린 시대보다 더 엄청난 테러가 횡행했기 때문이다.

두 번째 이유는 경제정책이었다. 미국 정보기관에 따르면, 소련은 1970년대에 동유럽에 약 800억 달러를 쏟아부었다고 한다. 그러나 라틴아메리카의 경우는 상황이 전혀 달랐다. 1982년부터 1987년까지 약 1,500억 달러가 라틴아메리카'로부터' 서방으로 이동했다. 《뉴욕타임스》는 "감춰진 거래hidden transactions"(마약과 관련된 돈, 불법적으로 취한 이익 등을 포함해서)가 7,000억 달러 정도에 이를 것이라고 추정했다. 이로 인해 특히 중앙아메리카가 참혹한 상황을 겪었지만, 라틴아메리카 전체도 사정은 다르지 않았다. 빈곤이 만연하고 영양실조, 유아 사망, 환경 파괴와 정부 테러가 판을 쳤으며, 생활수준은 몇 십 년 전의 상태로까지 후퇴하고 말았다.

아프리카의 상황은 훨씬 더 나빴다. 자본주의로 인한 대재난은 1980년대에 특히 혹독했다. 아프리카통일기구OAU 의장의 적절한 표현을 빌자면, 아프리카는 서구 열강들의 영역 안에 있는 "끊임없이 계속되는 악몽"이었다. 세계보건기구WHO는 매년 1,100만 명의 어린이가 '개발도상국가'에서 사망하는 것으로 추정했다. 자원이 소수를 살찌우기보다 인간의 생존에 쓰인다면, 이런 '조용한 대학살silent genocide'을 순식간에 끝낼 수도 있을 것이다.

국제적 기업, 금융, 그리고 이들을 위해 일하는 사람들의 이익과 요구에 맞게 판이 짜인 세계경제 속에서 대부분의 사람들은 '잉여'에 불과하다. 따라서 기존 제도를 지배하는 특권층과 권력자 들이 대중으로부터 도전과 통제마저 받지 않는다면, 일반 대중들은 헌신짝처럼 내버려질 것이다.

세계적인 청부 폭력배

금세기 전반에 걸쳐 미국은 세계 제일의 경제 강국이었다. 이 때문에 불법적인 경제봉쇄나 IMF 규정 강요(오직 약소국에만) 등은 미국이 벌이는 온갖경제 전쟁에 효과적인 무기가 됐다. 그러나 최근 20여 년 동안 미국은 일본이나 독일이 이끄는 서유럽에 비해 상대적으로 쇠퇴했다(이는 부분적으로 레이건 행정부의 경제 실정 탓인데, 이들은 국민과 미래 세대가 치러야 할 비용으로 부자들에게 '파티'를 열어주었다).[57]

소련이 '게임'에서 당사자의 하나였을 때는 미국이 실제로 사용할 수 있는 군사력에는 한계가 있었다. 미국이 재래식 전력을 마음껏 사용할 수 없는 거리가 먼 지역에서는 특히 더했다. 더구나 미국이 없애고 싶었던 정부나 정치적 움직임을 소련이 지원하곤 했기 때문에 제3세계에 대한 미국의간섭은 자칫 두 강대국 사이의 핵전쟁으로 번질 위험도 있었다. 하지만 미국에 대한 억제력으로서 소련이 사라지자, 미국은 세계 곳곳에서 더욱 자유롭게 폭력을 사용했다. 지난 수년 동안 미국의 정책 분석가들은 이 사실에 대단히 만족했다.

어떤 싸움이라도 당사자는 자기가 이길 가능성이 더 높은 쪽으로 싸움을유도하려 애쓴다. 누구든 자신의 강점이나 자신이 가장 자신 있는 방법으로 싸워 이기려고 하니까 말이다. 미국이 지닌 강점은 힘이다. 따라서 힘이 세계를 지배한다는 법칙을 확고히 할 수만 있다면 승리는 미국의 것이다. 반대로 분쟁이 평화적 방법으로 해결된다면 미국의 이익은 그만큼 줄어든다. 그 방법은 미국의 상대 역시 미국만큼 혹은 미국보다 더 능숙하기 때문이다.

미국에게 외교라는 것은 자신의 총부리 아래에서 이루어지지 않는 한 달갑지 않은 것이다. 미국이 추구하는 목적은 제3세계 대중들의 지지를 거의 받지 못하기 때문이다. 미국이 지배와 착취 구조를 강요하려 드니 그리 놀랄 일도 아니다. 그런데 외교적 해결이란 협상 상대의 이익도 어느 정도는 보장해주어야 한다. 미국같이 그다지 지지를 받지 못하는 입장에 있다면 이는 곤란한 문제다. 이 때문에 미국은 보통 협상을 피하려고 한다. 미국은 협상을 선호한다고 그럴듯하게 선전하면서도, 실상 미국은 동남아시아와 서남아시아, 중앙아메리카에서 오랫동안 협상을 피해왔다.

이런 배경을 고려하면, 부시 행정부가 제재나 외교보다는 군사력을 주요한 정책 수단으로 삼은 것은 어쩌면 당연한 일이다(걸프전쟁에서처럼). 그러나 미국은 현재 제3세계에 '질서와 안정'을 강요할 수 있는 경제적 토대가 부족하기 때문에, 그 비용을 남들로부터 충당해야 한다. 이는 필수적인 것이다. 다들 알겠지만, 누군가는 '주인'에 대해 합당한 보답을 해야 하기 때문이다. 걸프에서의 원유 생산 이익금을 경비로 충당하기도 하지만, 국제적 기업들의 이해를 대변하는 언론들이 권고한 대로, 독일이 이끄는 유럽과 일본도 미국이 '용병 역할'을 하는 것에 대해 마땅히 자신들의 몫을 치러야 하는 것이다.

보수적인 신문인 《시카고트리뷴 _Chicago Tribune_ 》의 금융면 편집자는 이 문제를 특히 분명하게 강조했다. 그는 미국은 "자발적 용병"이 되어야 하고, 미국이 수행하는 헌신적 봉사의 대가는 경쟁국이 지불해야 한다고 주장했다. 동시에 "안보 시장"에서 미국이 지닌 "독점적인 힘"을 사용하여 "세계 경제 체제에 대한 우리의 통제"를 계속 유지해야 한다고도 했다. 또, 그는 미국이 다른 부유한 나라를 "보호"해주는 대가로 "전쟁 보호금"을 받는 등 방위를 구실로 한 뒷거래를 벌여야 한다고도 조언했다.

시카고야 이런 말들이 통하는 곳이긴 하다. 즉, 그곳에선 만약 누가 귀찮게 굴면 마피아에게 전화를 걸어 그를 흠씬 두들겨 패달라고 얘기하니까 말이다. 하지만, 만약 제시간에 그 대가를 지불하지 못하면 거꾸로 무사하지 못할 수도 있다.

사실, 제3세계를 통제하기 위해 군사력을 사용하는 것은 최후의 수단에 속한다. 할 수만 있다면 IMF를 이용하는 것이 해병대나 CIA를 끌어들이는 것보다 비용 면에서 훨씬 더 효과적이다. 그래도 '철권통치'는 필요하면 언제라도 써먹을 수 있도록 반드시 준비해둬야 한다.

미국이 국제적인 청부 폭력배 역할을 하자 자국 내에서도 문제가 생겼다. 성공한 모든 기업가들이 국가에 의존해왔다. 내수 경제의 수익을 보호하고 증가시키기 위해, 그리고 공공 자원을 투자가들의 요구에 맞게 이용하기 위해서였다. 바로 이 때문에 그들이 성공할 수 있었다. 1950년 이후 미국은 주로 펜타곤 시스템[58]을 통하여 이를 추진해왔는데, 대표적으로 NASA(미국항공우주국)와 핵무기를 생산하는 에너지부를 들 수 있다. 이제 우리는 전자, 컴퓨터, 첨단 기술 산업을 지탱하기 위한 이 체계에 꼼짝없이 엮여 있는 실정이다.[59]

군부에 있는 레이건과 케인즈 추종자들의 도를 넘은 행위들도 문제를 악

미국은 현재 제3세계에 '절서와 안정' 을 강요할 수 있는
경제적 토대가 부족하기 때문에, 그 비용을 남들로부터 충당해야 한다.
이는 필수적인 것이다. 다들 알겠지만,
누구든 '주인'에 대해 합당한 보답을 해야 하기 때문이다.

화시켰다. 소수 부유층 위주의 자원 분배와 정부의 다른 정책들로 인해 광범위한 금융시장 조작과 과잉 소비 현상이 발생했다. 반면에 생산 투자는 거의 없었으며, 나라는 거대한 빚더미에 올라앉았다. 사회가 점차 비탄과 고통의 바다 한가운데에 막대한 부와 특권의 섬이 존재하는 제3세계 구조로 바뀌었다. 그 과정에서 정부와 기업, 가정 모두 헤아릴 수조차 없는 부채를 떠안게 됐다.

국가가 이런 정책을 실시할 때는 국민들이 무슨 일이 벌어지고 있는지 알 수 없도록 관심을 다른 데로 돌리려고 한다. 그런 방법이 그리 많지는 않다. 그 가운데 정석은 적이 미국을 정복하려 한다면서 공포를 유발하는 것이다. 그러곤 때마침 재앙에서 미국을 구해준 위대한 지도자를 경외하는 것이다.

소련의 위협은 이 과정에서 만들어진 것으로 별다른 창의성이 필요치 않았다. 미국은 1980년대 내내 이것을 우려먹었지만, 시간이 갈수록 약발이 떨어지기 시작했다. 따라서 미국을 위협하는 존재가 바뀌었는데, 카다피와 그의 국제 테러리스트 집단, 그레나다와 이들의 꺼림칙한 공군기지, 텍사스로 행진해오는 산디니스타, 최고의 미치광이 노리에가가 이끄는 에스파냐계 마약 밀매업자와 미친 아랍인들이 그들이었다. 가장 최근의 인물은 1990년 8월에 '불복종'이라는 유일한 범죄를 저지른 사담 후세인이었다.[60] 과거에도 마찬가지였지만, 지금 더 절실히 깨달아야 할 것이 있다. 미국이 가장 큰 적으로 여기는 상대는 '통제권 밖'으로 벗어나려고 하는 제3세계라는 것이다.

이 모든 것들은 어쩔 도리가 없는 자연의 법칙이 아니다. 그 과정과 이를 빚어내는 제도들은 바꿀 수 있다. 하지만 그러기 위해서는 문화와 사회제도적인 차원에서 중대한 변화가 수반되어야 한다. 또, 주기적으로 선거 때에만 '업계 대변자'를 뽑은 뒤, 이들에게 국내외 문제를 죄다 맡기고 돌아서 버리는 수준을 뛰어넘는 민주주의의 구조 변화도 필요하다.

3 국내의 세뇌작업

교리적 체제가 소위 '프로파간다'라는 것을 할 때는
두 가지 구별되는 표적을 정해놓는다.
하나는 간혹 '정치적 계급'이라고 불리는 사람들이다.
이들은 비교적 교육을 잘 받았고, 다소간 논리 정연하게 자기주장을 펴며,
정책 결정 과정에서도 일정한 역할을 하는 20퍼센트 정도의 국민층이다.
두 번째는 나머지 80퍼센트 정도의 국민이다.
리프먼이 '구경꾼'이라고 불렀던 사람들인데,
그는 이들을 "갈피를 못 잡는 무리"라고도 했다.

냉전이 굴러간 방식

제아무리 외부의 위협을 구실로 거론했다곤 해도, 국가 안보가 미국의 정책 담당자들과 민선 정치인들의 진짜 관심사는 아니었다. 이는 역사적 기록을 통해서도 여실히 증명된다. 진지한 정치 분석가들치고 "우리를 위협하는 것은 러시아의 군사력이 아니라 정치력이다"(1947년 10월)라는 조지 케넌의 주장이 틀렸다고 말한 사람은 거의 없었다. 아이젠하워 대통령도 러시아는 서유럽을 군사적으로 공격하지 않을 것이며, NATO(북대서양조약기구)가 해야 할 주된 역할은 "위험에 노출된 대중들에게 자신감, 즉 공산주의의 침입에 대해 정치적으로 더욱 강력하게 반대할 수 있는 자신감을 심어주는 것"이라고 주장했다.

미국은 냉전을 평화적으로 해결할 수 있는 방법들은 외면하면서, 앞서 언급한 공산주의의 '정치적 위협'만을 고스란히 남겨두었다. 핵무기의 역사에 관해 쓴 맥조지 번디'는 "미사일이 실전에 배치되기 전에 협정을 통해 어떻게든 이를 금지시켜야 한다는 … 심각한 제안이 최근에는 없는 것으로 알고 있다"고 했다. 탄도미사일이 미국에게는 유일한 잠재적인 군사적 위협이었는데도 말이다. 미국의 주요 관심사는 언제나 '공산주의'의 '정치적' 위협이었다('공산주의'가 넓은 의미로 쓰이는 단어임을 상기하자. 그리고 국무장관 덜레스가 사석에서 CIA 국장인 동생 앨런에게 불평했던 것처럼, 공산주의란 "우리가 도저히 흉내 낼 수 없는… 대중운동을 지휘하는 통솔력"과 관련된 것도 포함한다. 그는 "공산주의는 가난한 자에게 호소력이 있으며 언제나 부자를 약탈하려고 한다"고 덧붙였다. 따라서 부자가 가난한 자를 약탈해야 하는 우리의 원칙을 보호하기 위해 우리는 반드시 공산주의자들을 물리쳐야 한다는 것이다).

물론 미국과 소련 양국은 상대방을 그저 간단히 없애버리길 원했을 것이다. 그러나 실제로 그렇게 했다가는 양국 모두 전멸할 것이 확실했기 때문에 '냉전'이라고 부르는 세계 관리 체제가 등장했다.

통념에 따라 해석하면, 냉전은 소련의 침공으로 시작된 두 강대국 사이의 분쟁이다. 따라서 미국은 그 분쟁에서 소련을 억제하고 세계를 그들로부터 보호하고자 하는 것이다. 만약 이런 시각이 신학 교리라면 더 이상 왈가왈부할 필요도 없을 것이다. 그러나 역사에 빛을 조금만 밝힌다면, 이런 주장의 사실 여부를 쉽게 알 수 있다. 단, 아주 간단한 점을 유념해야 한다. 즉, 냉전을 이해하려면 냉전 중에 발생한 사건들을 살펴야 한다는 말이다. 그러면 냉전에 대해 전혀 다른 모습을 보게 된다.

소련 쪽을 보면, 그들이 냉전 중에 저지른 사건들은 동유럽에 대한 끊임없는 간섭이었다. 그 결과 동베를린, 부다페스트, 프라하에 소련 탱크가 진주했다.[2] 이런 간섭은 금세기에 세 번이나 외국이 러시아를 공격하고 파괴할 때 이용했던 통로를 따라 이루어졌다. 아프가니스탄 침공은 비록 소련의 국경에서 일어나긴 했지만 그 통로에서 벗어난 예이다.

미국 쪽을 보면, 역사상 최초의 세계 권력으로서의 위치를 반영하듯, 그들이 자행한 간섭의 범위도 전 세계적이었다.

국내적 측면에서 보자면, 냉전 덕분에 소련의 군-관료 지배계급이 권력

기반을 굳히자, 미국 정부는 국민들에게 첨단산업에 보조금을 지원해야 한다고 강변할 수 있는 좋은 구실이 생겼다. 그러나 이러한 구실 모두가 국민들에게 쉽게 먹혔던 것은 아니다. 그래서 사용한 기술이 오랫동안 의지해왔던 방법, 즉 무서운 적에 대한 공포를 불러일으키는 것이었다.

냉전은 그 문제까지도 해결해주었다. 소련이 그 낙지 같은 발로 서방의 목을 조인다는 발상은 너무 터무니없긴 했다. 하지만 "악의 제국"[3]은 실제로 악마이자 제국이었으며 잔인했다. 이 두 강대국은 상대방이 저지른 범죄들(모두 사실인)을 들추어내어 공포를 야기함으로써 자신들의 가장 중요한 적, 즉 자국 국민들을 통제했다.

그러므로 핵심적인 측면에서 냉전은 소련과 미국 사이의 무언의 협정과도 같은 것이었다. 소련의 지배 세력들은 그들의 제국 내부와 동유럽의 위성국들을 확고히 장악할 수 있었고, 미국은 제3세계를 상대로 전쟁을 벌이고 유럽의 동맹국을 통제할 수 있었다. 양국은 각각 자기 세력권에서의 억압과 폭력을 정당화하기 위해 상대방을 이용했던 것이다.

그렇다면 냉전은 왜 끝났으며, 그 결과로 어떤 변화가 생겼는가? 1970년대에 이르러 소련에서는 군사비 지출이 한계에 이르고 국내 문제가 점점 악화되자, 경제가 침체되고 독재정치를 종식하려는 움직임이 커져갔다. 국방정보센터[CDI]가 1980년에 발표한 연구는 지난 30년 동안 소련의 힘이 국제적으로 감소됐다는 점을 지적했다.[4] 그로부터 몇 년 후 실제로 소련은 무너졌다. 냉전은 훨씬 부유하고 힘이 강했던 '선수'의 승리로 끝이 난 것이다. 그러나 소련의 붕괴는 1980년대에 전 세계적으로 벌어진 일반적인 경제적 재앙의 일부이기도 했다. 이는 소련 제국보다는 서방에 속한 제3세계 대부분의 지역에서 훨씬 혹독했다.

몇 년 후 실제로 소련은 무너졌다.
냉전은 훨씬 부유하고 힘이 강했던 '선수'의 승리로 끝이 난 것이다.
그러나 소련의 붕괴는 1980년대에 전 세계적으로 벌어진
일반적인 경제적 재앙의 일부이기도 했다. 이는 소련 제국보다는
서방에 속한 제3세계 대부분의 지역에서 훨씬 혹독했다.

우리가 이미 살펴봤듯이, 냉전은 상당 부분 세계적 차원의 남반구와 북반구 사이의 '남북 갈등'(유럽의 세계 정복을 오늘날 완곡하게 표현한 말)적 요소를 지니고 있었다. 소련 제국에 속한 대부분의 나라들은 과거 서방의 준식민지 종속국이었던 것이다.[5] 소련은 서방 침략의 표적이 된 나라들을 지원해주고, 서방이 극단적인 폭력을 행사하지 못하게끔 억제하는 자주적 노선을 택했다. 소련 독재정치의 붕괴로, 과거의 지배 관료층은 제3세계의 엘리트들이 그랬듯 외국 투자가들의 이익을 위해 봉사하면서 자신들의 부를 쌓았다. 그 결과 이들 지역 대부분은 예전처럼 서방의 준식민지 종속국이 될 것 같다.

그러나 냉전이라는 이 특별한 상황이 끝났음에도 불구하고 남북 갈등은 아직도 계속되고 있다. 상대가 이미 '게임'에서 물러났다고 볼 수 있는데도 미국은 전과 다름없이 '게임'을 계속하고 있다. 게다가 소련의 억제력이 과거지사가 되면서 실제로는 더욱 자유롭게 말이다. 부시가 냉전이 끝났음을 상징한 베를린장벽의 붕괴를 축하함과 동시에 즉각 파나마를 침공한 것이나, 니카라과 선거에서 '미국 편'이 이기지 못하면 경제봉쇄와 군사 공격을 계속해 선거를 뒤엎겠다고 당당하게 선포한 게 그렇다.

엘리엇 에이브럼스는 미국이 이제 어디에서건 소련을 신경 쓰지 않고 활동할 수 있기에 파나마 침공은 예전과 다른 경우였다고 논평했지만, 이건 그다지 큰 통찰력이 없어도 알 수 있는 사실이다. 걸프 위기 동안에도 수많은 시사평론가들이 미국과 영국은 더 이상 소련의 방해를 받지 않기에 제3세계의 적에게 군사력을 무제한으로 사용할 수 있다고 말한 것도 마찬가지다.

물론 냉전 종식으로 인해 그 나름의 문제점도 생겨났다. 특히 자국민들을 통제하는 기술을 바꿔야만 했는데, 이 문제는 우리가 살펴본 것처럼 이

미 1980년대부터 드러난 것이었다. 새로운 적이 필요했지만, 미국의 진짜 적은 늘 '부자를 약탈하려고 하는 가난한 자들'이며, 특히 자신의 본분에서 벗어나려는 제3세계의 '악당'이라는 사실을 감추는 것도 더 어려워졌다.

마약과의 전쟁

사라져가는 '악의 제국'을 대체한 것은 라틴아메리카의 마약 밀매업자들이었다. 1989년 9월 초, 대통령을 필두로 미국 정부와 언론이 합심하여 이에 대한 대대적인 공세를 시작했다. 같은 달에 AP통신은 라틴아메리카, 아시아, 서남아시아와 아프리카에 대한 보도를 전부 합친 것보다 마약에 대한 보도를 더 많이 내보냈다. 당시 TV의 모든 뉴스 프로그램들은 마약이 어떻게 사회를 파괴하고 우리의 생존을 얼마나 크게 위협하는지에 대해 장시간을 할애하여 다루었다.

이는 즉각 여론에 영향을 미쳤다. 1988년 부시가 선거에서 승리했을 때 국민들은 미국이 당면한 가장 큰 문제로 재정 적자를 꼽았다. 오직 국민의 3퍼센트만이 마약 문제를 언급했다. 그러나 언론이 마약에 대해 대대적으로 보도한 이후, 재정 적자에 대한 관심은 크게 떨어지고 오히려 마약에 대해 우려하는 여론이 약 40퍼센트에서 45퍼센트까지 치솟았다. 이는 (특정한 답이 제시되지 않는) 주관식 질문에 대한 답변치고는 보기 드물게 높은 수치였다.

이제 미국의 위성국들은 미국 정부가 지원금을 충분히 보내주지 않는다고 불평할 때 이전처럼 "러시아를 막아야 한다"는 핑계를 대지 않는다. 대신 이번엔 "마약 밀매를 막아야 한다"는 이유를 댄다. 소련의 위협이 그랬던 것처럼, 이 새로운 적도 미국에 반대하는 반군들의 활동이나 그 밖의 불안정한 곳에 미국 군사력을 동원할 수 있는 좋은 구실이 되고 있다.

'마약과의 전쟁'은 국제적인 차원에서 미국의 군사적 개입을 은폐하는 역할을 했다. 게다가 사실 국내적으로 이 전쟁은 마약 자체와는 거의 상관이 없었다. 오히려 대중적 관심을 다른 곳으로 돌리고 도심지에 사는 가난한 대중들에 대한 억압을 강화하며 인권과 시민 자유에 대한 침해를 강화하려는 것과 관련이 깊다.[6]

그렇다고 해서 '약물 남용'이 심각한 문제가 아니라는 얘기는 아니다. 마약과의 전쟁이 시작될 당시 담배로 생명을 잃는 사람이 매년 약 30만 명, 술로 목숨을 잃는 사람이 10만 명 정도로 추정됐다. 그러나 부시 정부는 이런 종류의 약물은 문제 삼지 않았다. 그들은 공식 통계상 사망자가 매해 3,500명 정도 수준으로 숫자가 훨씬 적은 불법 마약만을 목표로 삼았다. 그 이유는 마약과의 전쟁 이전부터 마약 복용자가 수년 동안 줄어들고 있었기 때문이다. 이 때문에 부시 정부는 마약과의 전쟁을 벌일 경우, 마약 복용을 줄이는 데 '성공'했다고 대외적으로 자랑할 수 있었다.

미국 정부는 복용자가 6,000만 명이나 되지만 사망한 사람은 전혀 알려진 바가 없는 마리화나까지 문제 삼았다. 사실은 이러한 단속 탓에 마약 문제는 오히려 더 악화됐다. 많은 사람들이 비교적 해가 없는 마리화나 대신, 감추기는 더 수월하지만 훨씬 더 위험한 코카인 같은 마약을 복용하게 되었다.

1989년 9월에 '마약과의 전쟁'이 팡파르를 울리면서 거창하게 시작됐을 때, 워싱턴에서는 USTR(미국무역대표부) 위원회가 청문회를 열었다. 미국 담배의 수입과 광고를 금지한 타이에 대해 보복성 제재를 원하는 자국 담배 회사의 요청을 검토하기 위해서였다. 자국 담배 회사의 이익을 보호하려는 이 같은 미국 정부의 조치들로 인해 일본과 한국, 타이완 애연가들은 담배라는 치명적인 중독성 마약을 피워댔다. 그 결과는 앞서 지적한 인명 피해였다.

미국공중위생국 장관인 에버렛 쿱은 USTR 위원회에서 "우리가 외국 정부에 코카인 유출에 대해 항의하면서도 미국이 이들 국가들에 담배를 수출하려는 것은 위선의 극치다"라고 증언했다. 또, 그는 "몇 년 뒤 미국은 이런 식으로 자유무역을 적용한 정책을 뒤돌아보고 수치심을 느끼게 될 것이다"라고 덧붙였다.

타이 쪽 증인들도 미국이 가한 제재의 결과로 타이 정부가 이제껏 진행한 금연 캠페인을 통해 줄인 흡연 인구수가 다시 증가할 것이라며 항의했다. 자신의 생산품이 세계 제일이라는 미국 담배 회사의 주장에 대해 한 타이 증인은 다음과 같이 말했다.

골든트라이앵글^{Golden Triangle} 7에서 생산되는 것들도 분명 최고품이다. 하지만 우리는 그 상품을 관리한답시고 자유무역의 원칙을 들먹이는 짓은 결코 하지 않는다. 오히려 제재를 가했다.

미국의 정책을 비판하는 사람들은 150년 전의 아편전쟁^{The Opium War}을 상기시키기도 했는데, 당시 영국 정부는 중국에 영국령 인도산 아편에 문호를 개방하도록 했다. 영국은 중국 전역에 대규모로 마약을 확산시키면서도 이것이 경건한 자유무역의 미덕이라고 옹호했다.

지금 우리는 최고의 특종감인 마약 기삿거리를 알게 되었다. "미국 정부, 세계 최고의 마약 판매업자." 이런 소름 돋는 헤드라인을 단 신문을 상상해 보자. 이 신문은 날개 돋친 듯이 팔릴 게 분명하다. 하지만 이 이야기는 결론을 분명히 내지도 못한 채 사실상 보도조차 되지 못하고 묻혀버렸다.

마약과 관련한 문제인데도 거의 관심을 끌지 못했던 것이 또 있다. 즉 미국 정부가 제2차 세계대전 이후부터 마약 밀매를 앞장서서 조장했다는 점 말이다. 이는 부분적으로 전후 미국이 반파시스트 저항운동, 그중에서 노동운동을 주된 파괴의 대상으로 삼으면서 생긴 것이다.

프랑스에서는 노동운동의 정치적 힘과 영향력이 커졌다. 심지어 과거의 식민지 베트남을 재정복하려던 프랑스 군대에 미국이 무기를 지원하는 것을 방해할 정도였다. 따라서 CIA는 프랑스 노동운동을 약화하고 분열시키는 작업에 착수했고, 미국 노동운동의 최고 지도자들도 대단한 자부심을 가지고 이를 도왔다.

이 일을 하려면 '파업 파괴자'와 폭력배 들의 도움이 필요했다. 이런 일에는 '마피아'가 확실했다. 물론 마피아가 이 일을 단지 재미로만 해주지는 않았다. 그들은 수고의 대가를 원했다. 이때 그들이 대가로 받아낸 것은 파시스트 정부가 금지해온 헤로인 밀매를 재개할 수 있는 권리였다. 이렇게 탄생하게 된 그 유명한 '프렌치 커넥션French connection'[8]은 1960년대까지 마약 거래를 지배했다.

그 무렵 마약 거래의 중심지는 인도차이나, 특히 라오스와 타이였다. 이역시 CIA의 작전이 낳은 부산물이었는데, 특히 베트남전쟁 당시 이들 나라에서 CIA의 용병 부대가 벌였던 '비밀 전쟁secret war'이 대표적이었다. 이들 역시 자신들의 공헌에 대한 보상을 요구했다. 나중에 CIA가 그 활동 무대를 파키스탄과 아프가니스탄으로 옮기자, 그곳에서 마약 밀매가 다시 성황을 이루었다.

니카라과에 대한 비밀 전쟁도 마약 밀매업자들의 활동을 부추겼다. 이들 마약업자들에 따르면, 미국 용병 부대에 불법적으로 무기를 실어다주는 CIA 비행기는 마약을 미국으로 옮기는 손쉬운 수단이 됐고, 때로는 미 공군기지까지 이용되기도 했다.

마약 밀매와 국제테러리즘(때로는 '반게릴라전술'이나 '저강도 전쟁', 그 밖의 다른 완곡한 표현으로 불린다) 사이의 밀접한 상호 관계는 그다지 놀랄 일이 아니다. 비밀 작전에는 출처를 밝힐 수 없는 엄청난 양의 돈이 필요하다. 또한 범죄 전문가들도 필요하다. 그 결과는 앞서 얘기한 것들이다.

정치 용어의 이중성

정치적 담론에 쓰이는 용어들은 일반적으로 두 가지 의미를 지닌다. 하나는 사전적 의미이며, 또 다른 하나는 지배 세력에게 봉사하는 데 유용한 교리적^{doctrinal} 의미이다.[9]

'민주주의'라는 말을 살펴보자. 상식적 의미로 보면, 민중들이 자신들의 문제를 처리하는 데 어떻게든 실제로 참여할 수 있는 사회가 민주적이라고 할 수 있다. 그러나 교리적 의미에서 '민주주의'란 이와 다르다. 그것은 재계, 그리고 이들과 연계된 엘리트들이 결정권을 쥐고 있는 제도를 말한다. 손꼽히는 민주주의 이론가들, 예컨대 월터 리프먼의 해석에 따르면, 대중은 "구경꾼"이지 "참여자"가 아니다. 대중은 자신들보다 뛰어난 사람들이 내린 결정을 받아들이고 어느 한쪽에 지지를 보낼 수는 있지만, 그들의 일도 아닌 공공 정책 같은 문제들에는 끼어들지 말아야 한다는 것이다.

따라서 만약 대중의 일부가 무관심에서 벗어나 조직화하고 공개적으로 활동하게 되면 그건 민주주의가 아닌 것이다. 그 대신 이들은 이것을 자신들의 적합한 전문 어법으로 '민주주의의 위기'라고 부르며, 어떤 방법을 써서라도 극복해야 하는 위협으로 간주한다. 엘살바도르에서는 죽음의 특공대를 활용했고, 미국 내에서는 그보다 훨씬 더 교묘하고 간접적인 방법을 사용했다.

'자유기업free enterprise'이라는 말을 보자. 자유기업은 실제로 공공보조금과 민간 이익이 결합된 체제인데, 부유층을 위한 복지국가를 유지하기 위해 정부가 대대적으로 경제에 개입하는 것이다. 이들이 쓰는 관용적 어법에서 '자유'라는 단어를 포함하는 말은 모두 그 실제의 문자적 뜻과는 반대로 이해하면 되겠다.

또한 '침략에 맞선 방어defense against aggression'는 분명 '침략'을 언급하고 있다. 미국이 남베트남을 침공한 1960년대 초, 자유주의의 영웅이었던 애들레이 스티븐슨은 미국이 남베트남을 "내부적 침략"에 맞서 지켜주고 있다고 설명했다. 그가 말한 '내부적 침략'이란 미 공군과 미국이 지휘하는 용병 부대에 대한 남베트남 농민들의 '침략'을 말한다. 미국은 농민들을 남부의 게릴라로부터 '보호'해준다면서 이들을 살던 곳에서 쫓아내 강제수용소에 몰아넣었기 때문이다. 사실 이 농민들은 자발적으로 게릴라를 도왔다. 반면 미국의 앞잡이인 남베트남 정권은 자타가 공인하듯 빈껍데기에 불과했다.

교리적 체제가 너무도 훌륭하게 효과를 발휘한 덕에 30년이 지난 오늘날까지도 미 주류 사회에서는 미국이 남베트남을 공격했다는 것을 언급하기

느커녕 생각조차 할 수 없는 일이 됐다. 이 때문에 오늘날에도 베트남전쟁의 본질적 논점은 토론의 대상이 되지 못하고 있다.[10] '정치적 올바름'을 옹호하는 사람들은 잘 조직된 전체주의 국가도 이루지 못한 이런 성과물을 두고 정말이지 자부심을 가질 만도 하겠다.[11]

'평화 과정'이라는 말도 살펴보자. 순진한 사람들은 이 말이 단순히 평화를 이루기 위한 노력을 뜻한다고 생각할 것이다. 그런 뜻에서 우리는 서남아시아의 '평화 과정'에는 다음과 같은 것들이 있다고 생각할 수 있다. 먼저 1971년 이집트의 사다트 대통령이 이스라엘에 제의한 전면적인 공식 평화협정이 있다. 미국을 포함한 거의 모든 국가들이 이를 지지했다. 그다음은 PLO(팔레스타인해방기구)의 지지를 받아 아랍 국가들이 제안하여 이루어진 1976년 1월의 유엔안전보장이사회의 결의가 있다. 이는 거의 전 세계적인 합의로 두 개의 국가를 인정함으로써 아랍-이스라엘 분쟁을 해결하자는 것이었다.

또한 PLO가 1980년대 전반에 걸쳐 상호 인정을 주장하면서 이스라엘에 제안한 협상, 그리고 유엔총회의 연례 투표도 그런 예들이다. 가장 최근의 경우는 이스라엘-아랍 문제에 대한 국제회의의 소집을 요구한 1990년 12월의 투표였다(결과는 144 대 2로 미국과 이스라엘만 반대했다).

그러나 알 만한 사람들은 이런 것들이 '평화 과정'과 아무런 상관이 없다는 것을 안다. 지배계급의 '정치적 올바름'이라는 용어의 의미를 뒤집어보면, '평화 과정'이란 말은 결국 미국 정부가 추진하고 있는 일만을 뜻하는 것이다. 하지만 위에 언급한 경우들에서 미국이 한 일이라고는 오히려 평화를 추구하는 국제사회의 노력을 가로막은 것이다. 따라서 위의 예들은 '평화 과정'이라고 볼 수 없다. 미국은 이스라엘이 사다트의 제의를 거부하

'평화 과정'이란 말은 결국
미국 정부가 추진하고 있는 일만을 뜻하는 것이다.
미국은 이스라엘이 사다트의 제의를 거부하는 것을 도왔고,
유엔안전보장이사회의 결의에 거부권을 행사했으며,
PLO와 이스라엘의 협상과 상호 인정을 반대했다.
바로 이것이 '평화 과정'의 실상이다

는 것을 도왔고, 유엔안전보장이사회의 결의에 거부권을 행사했으며, PLO
와 이스라엘의 협상과 상호 인정을 반대했기 때문이다. 또, 유엔을 포함해
그 어디서든 평화적인 외교적 해결 시도에 대해 이스라엘과 함께 늘 반대
─따라서 결과적으로 거부권 행사─해왔다.

평화 과정은 미국이 하고 싶은 대로 하는 것에 한정되어 있다. 미국은 팔
레스타인 민족의 권리를 묵살한 채, 자신들이 일방적으로 결정한 해결책을
따르도록 강요하고 있다. 바로 이것이 '평화 과정'의 실상이다. 이쪽 바닥에
서 이런 기술을 익힐 수 없는 사람들은 다른 직업을 찾는 게 나을 것이다.

그 밖에도 다른 예들이 수없이 많다. '특수 이익special interest'이란 단어를 살
펴보자. 말주변이 청산유수 같던 1980년대 공화당 홍보 조직은 흔히 민주
당을 여성, 노동자, 청년, 농민 등의 특수 이익집단만의 정당이라고 비난했
다. 간단히 말해 일반 대중의 이해를 대변한다고 비난한 것이다. 하지만,
그 특수 이익집단 리스트에 한 번도 오른 일이 없는 유일한 국민층이 있다.
바로 기업체와 회사 들이다. 그건 당연한 일이었다. 지배계급의 '정치적 올
바름'이라는 용어 정의에 따르면, 그들이 추구하는 (특수) 이익은 오히려 국
민 모두가 따라야 할 '국가이익'일 테니.

민주당은 자신들이 특수 이익집단의 정당이 '아니'고, 자신들도 국가이
익을 위해 봉사한다고 푸념 섞인 항변을 했다. 사실 그것은 맞는 말이다.
그러나 그들의 문제는 상대인 공화당이 보여주는 일관된 계급의식이 부족
하다는 것이다. 공화당은 자신들이 일반 국민을 상대로 격렬한 계급 전쟁
을 벌이고 있는 사회의 자본가들과 경영자들의 대표라는 점을 망각하지 않
는다. 이를 위해 공화당은 국수주의적 히스테리, 두려움과 공포 조성, 위대
한 지도자에 대한 경외와 그 밖에 대중 통제의 전형적인 기법을 이용한다.

심지어는 종종 통속적인 마르크스주의자들의 미사여구와 개념까지도 빌릴 정도다. 이에 반해 민주당은 자신들이 누구를 대변하는 것인지 분명치 못한 관계로 공화당에 비해 늘 홍보 전쟁에서 열세에 놓이는 것이다.

마지막으로 경제와 사회 생활에 대대적으로 개입하는 강력한 국가를 옹호하는 사람들을 일컫는 '보수파conservative'라는 단어를 살펴보자. 그들은 막대한 국가 지출과 전후에 최고조에 달한 보호무역주의 조치들을 옹호하며, 시장의 파괴적인 위기로부터 기업 보호를 지지한다. 그리고 법률과 대통령의 대법관임명제도를 이용하여 개인의 자유를 축소한다. 또, 자격도 없는 시민이 성스러운 국가를 감히 조사하려 드는 걸 용납할 수 없다며 이를 가로막는다.[12] 하지만 이런 내용들은 전통적 보수주의와 정확히 반대되는 것이다. 미국 건국의 아버지 존 제이[13]의 말처럼, 이들은 "국가를 소유"했기에 "국가를 다스려야" 하는 사람들에게 충성하는 것이다.

일단 이 규칙을 이해하기만 하면 정치적 담론의 용어를 이중적 의미로 이해하는 것은 그다지 어려운 일이 아니다.

정치적 담론의 의미를 이해하려면 일반적으로 언론과 사회과학자, 종교 지도자들이 쓰는 이중화법을 해독한 후에 연이어 보통 사람들이 쓰는 말로 바꿔야 한다. 정치적 담론에서 쓰이는 용어의 기능은 명백하다. 즉, 인류의 중요한 문제들에 관해 일관되게 설명할 수 있는 단어를 찾을 수 없도록 하는 것이다. 그렇게 되면 사회가 어떻게 굴러가고 이 세계에 무슨 일이 일어나고 있는지에 대해 우리는 아무것도 이해할 수 없으니까. '정치적 올바름'이라는 의미에서 볼 때, '민주주의'라는 용어에 중요한 기여를 한 셈이다.

사회주의, 진실과 거짓

논쟁의 여지는 있지만, '사회주의'라는 용어는 최소한 다음을 의미한다. 자본주의 기업이나 전체주의 국가냐에 상관없이 생산에 대한 관리를 노동자들 스스로 하는 것 말이다. 즉, 노동자를 지배하고 모든 결정권을 손에 쥐고 있는 소유주나 경영자 들이 생산을 관리하는 것이 아니라는 말이다.

소련을 '사회주의'라고 말하는 것은 교리적인 이중화법이 쓰인 재미있는 경우이다. 1917년 10월에 일어난 볼셰비키 쿠데타[14]로 레닌과 트로츠키는 국가권력을 손에 넣었다.[15] 이들은 몇 달 전에 일어났던 민중 혁명을 계기로 이미 성장하고 있던 초기 사회주의 제도들, 즉 공장위원회와 소비에트, 그 밖의 모든 민중 통치기관들을 재빨리 해체했다. 그리고 노동자들을 지도자의 명령에 따라 움직이는 이른바 '노동군$^{labor\ army}$'으로 바꿔버렸다. '사회주의'라는 용어의 진정한 의미에서 본다면, 볼셰비키는 당시 존재하고 있던 사회주의적 요소들을 일거에 파괴한 것이다. 그 이후로는 어떤 사회주의적 일탈도 허용하지 않았다.

결국 전위당과 그 지도자들 손에 권력을 집중시킬 것이라고 레닌의 교리를 오랫동안 비판해왔던(트로츠키도 마찬가지) 지도적인 마르크스주의 지식인들은 이러한 상황 전개에 그다지 놀라지 않았다. 혁명이 있기 몇 십 년 전에 아나키즘 사상가 바쿠닌은 혁명 과정에서 새롭게 출현할 지식인 계층은 다음 두 가지 중 하나의 길을 걷게 될 것이라고 예언한 바 있다. 하나는 스스로 국가권력을 쥐고자 대중의 투쟁을 이용한 뒤에 잔인하고 억압적인 '붉은 관료$^{Red\ bureaucracy}$'가 되는 것이고, 다른 하나는 민중 혁명이 실패하면 이들이 국가자본주의적 사회의 관리자나 그런 사회의 이데올로기적 수호자가 되리라는 것이다. 이 예견은 두 측면 모두 날카로운 통찰력을 보여주었다.

세계에서 가장 주요한 프로파간다 시스템을 보유한 소련과 미국은 어떤 사안이든 뜻이 맞는 경우가 거의 없지만, '사회주의'라는 용어에서만큼은 일치했다. 즉, '사회주의'를 볼셰비키에 의한 모든 사회주의적 요소의 즉각적인 파괴라는 뜻으로 쓴다는 점에서 말이다. 이 역시 그다지 놀라운 일은 아니다. 볼셰비키는 사회주의가 지닌 도덕적 위신을 가로채기 위해서 자신들의 체제를 '사회주의'라고 불렀기 때문이다.

서방은 이와는 정반대의 이유로 같은 뜻의 용어를 받아들였다. 즉, 그들이 두려워하는 자유의지론적^{libertarian} 이상이 마치 볼셰비키의 억압과 연관이 있는 양 깎아내리기 위해서였다. 또한 기본 사회제도를 민주적으로 통제하고 인간의 욕구와 권리를 존중하는 정의로운 사회가 정말로 가능하다는 대중의 믿음을 무너뜨리려고 말이다.

사회주의가 정말 레닌과 스탈린의 독재정치 체제를 의미한다면, 정상적인 사람들은 그것에 반대하며 외면할 것이다. 하지만 이 권위주의 체제가 기업이 지배하는 서구적 국가자본주의에 대한 유일한 대안이라면, 많은 사람들은 이 체제를 유일하게 합리적인 선택으로 받아들일지도 모른다.

소련 체제가 무너지면서 역동적인 자유의지론적 사회주의 사상이 되살아날 기회가 생겼다. 이것은 과거의 주요 권력 시스템들의 교리적이고 억압적인 탄압 아래서는 불가능했다. 물론 이러한 기대가 얼마나 현실화될지는 알 수 없다. 그러나 최소한 한 가지 장애물은 사라졌다. 그런 의미에서 보면, 소련의 붕괴는 사회주의의 입장에서는 작은 승리를 뜻한다. 마치 제2차 세계대전에서 파시스트 세력의 패배가 그랬던 것처럼 말이다.

언론

'자유주의적'이건 '보수적'이건 간에, 주요 언론들은 모두 훨씬 큰 기업집단에 연결되어 있거나 소유되어 있는 대기업이다. 다른 기업처럼 그들도 생산품을 시장에 내다 판다. 그 시장이라는 것은 광고주, 즉 또 다른 기업체이다. 이들의 생산품은 수용자(시청자와 독자)를 대상으로 한다. 특히 메이저급 언론들은 다른 언론들이 따라야 할 기본 의제를 정하는데, 이들의 주요한 수용자는 비교적 특권층에 속하는 사람들이다.

즉, 우리 사회에는 꽤나 부유한 특권층 수용자를 다른 기업에 파는 주요한 기업들이 있는 셈이다. 따라서 이런 언론들이 제시하는 세상의 모습이란 게 이들 판매자와 구매자에 아로새겨진 협소한 이익과 편견을 반영하는 건 당연하다.

이런 왜곡된 상태를 심화시키는 요소들이 또 있다. '문화 관리자', 즉 언론인들이 국가와 기업의 경영자들, 그 밖의 다른 특권층들과 공통의 이해 및 친분 관계를 가지고 있다는 점이다. 사실 기업과 정부, 언론의 고위층은 같은 무리의 사람들이 끊임없이 서로 돌아가면서 맡는다. 국가권력에 접근할 수 있다는 것은 경쟁에서 우위를 차지하는 데 매우 중요하다. '누설'이라는 것도 사실 정부가 모르는 척 시치미를 떼면서 언론과 합작하여 만들어낸 거짓말이나 사기일 때가 많다. 그 대가로 국가권력은 협조와 복종을 요구한다.

다른 권력기관들도 정통에서 벗어나는 이탈자들을 처벌하는 수단들을 갖고 있다. 증권시장을 비롯하여 효과적인 중상모략 기구에 이르기까지 다양하다.

물론 그 결과가 모두 똑같지는 않다. 권력층의 이익에 봉사하기 위해서도 언론은 어느 정도는 세상의 실제 모습을 보여주어야 한다. 때로는 직업적 성실함과 정직함을 지켜야 한다는 점 때문에 권력층의 이익에 봉사해야 한다는 최우선적인 임무가 제대로 수행되지 못할 때도 있다. 뛰어난 언론인들은 언론 보도를 형성하는 요소들을 잘 파악하고 있으며, 기회가 닿는 한 그 점을 이용하고자 애쓴다. 따라서 언론이 제시하는 것을 읽을 때, 늘 비판적인 의문점을 가져야 많은 것을 배울 수 있다.

언론은 단지 거대한 교리적 체제의 일부에 지나지 않는다. 그 외에도 여론을 조성하는 데는 어피니언저널리즘이나 초·중·고등학교, 대학교, 학계 등도 한몫한다. 우리들이 언론, 특히 평판이 높은 언론에 대해서 더 많이 알고 있는 건, 이데올로기를 비판적으로 분석하는 사람들이 거기에 초점을 맞추어서다. 이런 언론에 비해 교리적 체제의 나머지 부분들은 체계적으로 조사하기가 어려워서 그 수준으로 연구하지는 못했다. 하지만 나머지 부분들도 언론이 대변하고 있는 것과 똑같은 소수의 이익을 대변한다고 믿을 근거는 많다.

교리적 체제가 적을 상대로 소위 '프로파간다'라는 것을 할 때는 두 가지 구별되는 표적을 정해놓는다. 하나는 간혹 '정치적 계급political class'이라고 불리는 사람들이다. 이들은 비교적 교육을 잘 받았고, 다소간 논리 정연하게 자기주장을 펴며, 정책 결정 과정에서도 일정한 역할을 하는 20퍼센트 정도의 국민층이다. 그들은 정책을 입안하고 실행하는 위치에 있기 때문에 교리를 받아들이는가의 여부가 매우 중요하다.

두 번째는 나머지 80퍼센트 정도의 국민이다. 그들은 리프먼이 '구경꾼'이라고 불렀던 사람들인데, 그는 이들을 "갈피를 못 잡는 무리"라고도 했

왜곡된 상태를 심화시키는 요소들이 또 있다.
'문화 관리자', 즉 언론인들이 국가와 기업의 경영자들,
그 밖의 다른 특권층들과 공통의 이해 및
친분 관계를 가지고 있다는 점이다.

다. 그들은 중요 인물들이 내리는 명령에 따라야 하고 그들의 앞길을 방해하지 말아야 한다. 그들이야말로 타블로이드판 신문이나 시트콤, 슈퍼볼 같은 진짜 '매스' 미디어가 겨냥하는 표적이다.

교리적 체제 중 이들 진짜 '매스' 미디어는 무지한 서민 대중의 관심을 다른 곳으로 돌리고 사회의 기본 가치관을 강화하는 일을 맡는다. 예컨대, 수동적 자세, 권력에 대한 복종, 탐욕과 사적인 이익을 최고로 앞세우는 미덕, 타인에 대한 무관심, 실제든 상상 속이든 적에 대한 공포 등이다. 그들이 목적하는 바는 '갈피를 못 잡는 무리'가 계속 그런 상태로 지내도록 내버려두는 것이다. 세계에서 실제로 벌어지고 있는 일을 알려줘서 공연히 그들을 골치 아프게 할 필요는 없다. 사실, 그들에게 이런 것들을 알려주는 것은 바람직하지 않다. 진실을 너무 많이 알게 되면, 스스로 그것들을 변화시키려고 할지도 모르기 때문이다.

그렇다고 해서 언론이 대중으로부터 영향을 전혀 받지 않는다는 것은 아니다. 정치적이건 경제적이건, 혹은 교리적이건, 지배 체제는 대중의 압력에서 완전히 벗어날 수 없다. 독립적인 (대안) 언론 역시 중요한 역할을 해낼 수 있다. 대안 언론이니만큼 기사 자료가 부족한 것은 말할 것도 없지만, 이들은 민중 조직이 하는 것과 똑같은 방식으로 중요한 역할을 한다. 즉, 제한적이나마 자료를 가지고 있는 사람들을 모아 그 효과를 배가시키고, 서로 교류하여 독자적인 이해력을 높이는 것이다. 이것이 바로 지배 엘리트들이 그토록 두려워하는 민주주의의 위협이다.

미래

권력자들은 조용하고 수동적인 국민을 원한다.
이들을 골치 아프게 만들 수 있는 한 가지 방법은
잠자코 있지 않고 적극적으로 움직이는 것이다.
그러나 가장 중요한 것은 이런 행동들이
지속적이고 조직적이어야 한다는 것이다.

변화한 세상

민권, 평화, 여성과 환경 등 인류의 관심사들을 중심으로 느슨하고 혼란스레 조직된 대중운동이 지난 30년 동안 얼마나 많은 변화를 가져왔는지 깨닫는 것은 대단히 중요하다.

기본 정책과 공약 면에서 여러모로 유사했던 케네디와 레이건 정부를 살펴보자. 쿠바 침공¹에 실패한 후 케네디가 쿠바를 상대로 국제적 테러 전쟁을 대대적으로 개시하고, 이어서 남베트남에서는 살인적인 국가 테러에서 노골적인 침공으로 사태를 확대시켰을 때만 해도 주목할 만한 저항은 없었다.

수십만 명의 미군이 파견되어 인도차이나 전역이 유린당하고 수십만 명의 주민들이 도살당하고 나서야 비로소 항의의 움직임이 무시할 수 없는 수준에 도달했다. 이와는 대조적으로 레이건 정부가 중앙아메리카에 직접 간섭하려고 했을 때는 즉각적으로 항의 운동이 일어났다. 이 때문에 국가 테러범들은 방법을 바꿀 수밖에 없었다.

미국의 지도자들은 지금 '베트남 신드롬Vietnam syndrome'²이 막을 내렸다고 떠들어대지만, 사실 그렇지 않다는 건 누구보다 그들이 더 잘 알고 있다. 걸프전쟁에서 지상 공격이 임박한 순간에 누설된 부시 정부의 〈미국국가 안전보장회의 정책 검토National Security Policy Review〉는 다음과 같이 지적하고 있다.

"미국이 훨씬 더 약한 적들을 상대할 경우"—부시같이 진정한 정치꾼이라 면 전쟁에 찬성할 유일한 경우—"단순히 적을 물리치는 것이 아니라, 결정 적이고 신속하게 물리쳐야 한다". 그렇지 않다면 "창피"할 뿐만 아니라, 두 텁지도 않은 "전쟁에 대한 정치적 지지조차 약화"시킬지 모른다.

이제 미국은 해외에 대한 전쟁을 시도할 때 예전의 고전적인 방법을 쓰 기가 어렵게 됐다. 따라서 이들은 국민에게는 비밀로 한 채 은밀한 테러를 저지르거나 "훨씬 더 약한 적들"을 "결정적이고 신속하게" 파괴하는 방법을 쓴다. 이것도 적이 마치 상상하기조차 힘들 만큼 막강한 힘을 지닌 괴물인 것처럼 대대적인 프로파간다 공세를 벌인 이후에나 가능하다.

지금도 전체적으론 이와 상당히 비슷한 상황이다. 1992년을 예로 들어 보자. 만약 콜럼버스의 아메리카 대륙 발견 500주년이 되는 해가 1962년 이었다면, 그 기념식은 아메리카 대륙을 해방시킨 축하의 자리가 됐을 것 이다. 그러나 1992년에는 국민들의 반응이 꼭 그렇지가 않았다.[3] 이 때문에 거의 준전체주의에 가까운 통제에 익숙해 있던 언론인들은 상당히 히스테 리를 부렸다. 이제 그들은 다른 민족과 문화를 존중하자고 주장하는 사람 들이 "파시스트적 과도함"을 보이고 있다며 폭언을 퍼부었다.

다른 분야에서도 개방과 함께 이해가 높아지면서 자연스레 권력에 대한 회의와 의문이 생겨났다.

물론, 이러한 경향은 양면성을 가지고 있다. 먼저, 그것은 자주적 사상과 대중적 조직화, 그리고 필수적인 제도적 변화를 요구하는 압력으로 성장할 수도 있다. 반대로 사람들을 겁먹게 만들어 새로운 권위주의적 지도자의 등장을 위한 대중적 기반을 마련할 수도 있다. 현실성이 다분한 이 결과들 은 단지 추측이 아니라, 엄청 큰 판돈이 걸린 행동과 관련된 문제다.

우리가 할 수 있는 것

어느 나라든 실권을 쥔 집단들이 있다. 미국에서 어디에 권력이 있는지는 큰 비밀이 아니다. 권력은 기본적으로 투자를 결정하는 사람들의 손에 있다. 즉, 무엇을 생산하고 무엇을 분배할 것인지를 결정하는 사람들 말이다. 이들은 대개 정책 담당자들을 선정하고 교리적 체제의 일반적 조건들을 설정한다.

이들은 조용하고 수동적인 국민을 원한다. 따라서 이들을 골치 아프게 만들 수 있는 한 가지 방법은 잠자코 있지 않고 적극적으로 움직이는 것이다. 그런 방법은 얼마든지 있다. 단지 질문하는 것만으로도 큰 효과를 낼 수 있다.

시위나 편지 쓰기, 투표 등 모두가 의미가 있다. 물론, 그 효과는 상황에 따라 다르다. 그러나 가장 중요한 것은 이런 행동들이 지속적이고 조직적이어야 한다는 것이다.

우리가 어떤 시위에 참가한 뒤에 집으로 돌아갔다고 해보자. 이것도 그 나름대로 의미는 있지만, 권력층은 이 정도는 얼마든지 참아낼 수 있다. 이들이 정말 참아낼 수 없는 것은 이런 압력이 지속적이면서도 점점 성장할 때다. 또 이들이 두려워하는 것은 끊임없이 활동하는 민중 조직과 지난 경험에서 교훈을 배워 더 효과적으로 투쟁하는 시민들이다.

모든 권력 구조는 대중들의 이견에 반응을 보이지 않을 수 없다. 심지어 파시스트 독재 정권도 그렇다. 국민을 억누를 수 있는 힘이 약한 —다행히도— 미국 같은 경우는 더욱 그렇다. 베트남전쟁 당시 벌어진 반전운동은 실로 중요한 의의가 있었다. 정부가 대가를 치러야 했기 때문이다.

선거가 단지 몇 년마다 한 번씩 일부 국민들만이 투표용지에 도장을 찍으러 가는 것에 불과하다면 그것은 중요하지 않다. 그러나 시민들이 자신들의 생각을 알리고자 모임을 만들고 자신들이 뽑은 정치인들에게 압력을 넣게 된다면 이는 다른 문제가 된다.

하원의원들은 상원의원들보다 시민들이 영향을 미치기가 더 쉽고, 상원의원들도 대개 대중으로부터 영향을 받지 않는 대통령보다는 쉽다. 사실 그 수준까지 올라가면 정책들은 거의 전적으로 이 나라를 소유하고 다스리는 부유하고 권력을 쥔 사람들에 의해 결정되지만 말이다.

그래도 우리는 하원의원들에게 영향을 미칠 만한 수준의 조직은 만들 수 있다. 그들을 집으로 불러서 이웃들과 함께 언성을 높여 항의할 수도 있고, 직접 그들의 사무실을 찾아갈 수도 있다. 효과가 있다면 어떤 방법이든 쓸 수 있다. 이런 일들이 때로는 중요한 변화를 만들어낼 수 있다.

또 스스로 연구를 할 수도 있다. 틀에 박힌 역사책이나 정치학 교과서에만 의존하지 말자. 전문가의 전공 논문, 〈국가안전보장회의 비망록〉이나 그와 유사한 1차 자료들을 뒤져보라. 좋은 도서관들은 대개 그런 자료들이 비치된 참고자료 서가가 있다.

이런 일을 하려면 약간의 노력이 필요하다. 대부분의 자료는 실없는 소리들을 하고 있어서 무언가 괜찮은 내용을 찾아내려면 산더미 같은 자료를 뒤져야 한다. 그러다 보면 어디를 찾아봐야 할지 조언해주는 길잡이도 만날 수 있다. 때로는 2차 자료에서 흥미 있는 참고 사항을 발견할 수도 있다. 그것들은 종종 잘못 해석한 것들도 있지만, 적어도 찾아봐야 할 곳을 제시해준다.

이것은 무슨 풀 수 없는 거대한 미스터리도 아니고, 높은 지적 수준을 요구하는 일도 아니다. 약간의 수고는 들겠지만, 그저 여가 시간 정도만 투자하면 누구라도 할 수 있다. 이렇게 조사해서 얻은 연구 결과는 사람들을 변화시킬 수 있다. 진정한 연구는 언제나 집단적 활동이다. 그리고 그 결과는 의식을 변화시키고 통찰력과 이해력을 키워주며 건설적인 행동을 조직하는 데 크게 이바지할 수 있다.

투쟁은 계속된다

자유를 향한 투쟁은 결코 끝나지 않는다. 일단 제3세계 국민들에게는 동정심에 기초한 이해가 필요하다. 그리고 훨씬 더 필요한 것은 우리의 지원이다. 우리는 미국에 내부적 교란을 일으킴으로써 그들에게 생존할 수 있는 여지를 마련해줄 수 있다. 미국이 저지르는 만행에 맞서 그들이 살아남을 수 있는가의 여부는 바로 미국 내에서 벌어지는 일에 크게 달려 있다.

그들이 보여주는 용기는 실로 놀라운 것이다. 필자는 개인적으로 동남아시아, 중앙아메리카, 이스라엘이 점령한 요르단 강 서안 지구 같은 곳에서 잠깐이나마 그들의 용기를 직접 볼 수 있는 특권을 누린 바 있다. 그것은 말 그대로 특권이었다. 그것은 대단히 감동적이고 고무적인 경험이었다. 그 과정에서 '쇠사슬에 묶인 채 즐기는' 평화와 안식을 위해 자유와 정의를 버린 유럽인에 대해 루소가 했던 경멸적인 비평이 늘 떠올랐다. 그는 다음과 같이 말했다.

완전히 벌거벗은 수많은 야만인들이 유럽인들의 주색잡기를 경멸하면서 오

'쇠사슬에 묶인 채 즐기는' 평화와 안식을 위해
자유와 정의를 버린 유럽인에 대해
루소가 했던 경멸적인 비평이 늘 떠올랐다.
"자유에 대해 이러쿵저러쿵하는 건 노예답지 않다."

직 그들의 자주 독립을 지키고자 굶주림과 불, 칼, 죽음조차 견디는 것을 보면서, 나는 자유에 대해 이러쿵저러쿵하는 건 노예[5]답지 않다고 느꼈다.

이 말을 한낱 문장일 뿐이라고 치부한다면, 세계가 실제로는 어떤지 거의 이해하지 못하는 것이다.

이조차도 우리가 해결해야 할 임무이기는 하다. 미국 내에서도 제3세계가 자라고 있다. 사회, 정치, 경제, 문화의 구석구석에 비합법적인 권력 구조가 있다. 또, 인류 사상 최초로 인간이라는 존재 자체를 유지하기 위해 환경보호 문제도 해결해야 한다. 우리가 정직하고 헌신적으로 노력한다고 해서 이 모든 문제들을 해결하거나 완화시킬 수 있을지에 대해서는 확신할 수 없다. 그러나 이마저도 하지 않는다면 인류에게 재앙이 닥치고 말 것이라는 것만큼은 확실하다.

1장

•

1 정보공개법에 따라 정부의 모든 정보가 공개된 것을 말한다.

2 레이건 대통령 시절 군비제한협상단의 일원이었다. 폴 니츠는 2004년 사망했다.

3 제2차 세계대전 당시 독일과 소련이 전투를 벌였던 유럽 동부지역을 말한다.

4 조지 케넌은 미국 외교관이자 역사학자로, 소련의 팽창주의에 맞서 봉쇄정책을 적극 지지한 인물이다. 제2차 세계대전 이후 미국의 대소련 정책의 기본틀을 마련하는 데 결정적인 영향력을 행사했다. 1952년 소련 대사로 임명됐으나 소련 정부가 기피 인물로 지목한 탓에 이듬해에 귀국했다. 미국의 대표적인 러시아 관련 연구소인 '케넌 연구소'를 설립했다.

5 먼로독트린(먼로주의)은 미국의 제5대 대통령 제임스 먼로가 1823년에 제창하여 미국의 전통적 정책이 된 외교 방침이다. 외부 세력, 특히 유럽이 미국에 간섭하거나 식민지를 건설하는 것을 허용하지 않는 대신, 미국도 유럽에 대하여 간섭하지 않겠다는 내용으로, 비동맹·비식민·불간섭을 골자로 한다.

6 윌슨 대통령은 1915년에 아이티를 침공했다. 또한 1916년에는 도미니카공화국을 침공하여 1924년까지 사실상 도미니카공화국을 신탁 통치한다.

7 당시 유럽은 제2차 세계대전을 겪으며 폐허가 됐고, 유럽인들은 정신적으로 피폐한 상태였다.

8 제2차 세계대전 이후 재식민화를 위해 인도차이나 반도로 돌아온 프랑스가 벌인 제1차 인도차이나전쟁이 1954년 제네바협정으로 끝나면서 프랑스는 축출됐다. 그후 베트남은 북위 17도선을 기준으로 남북으로 나뉘고 자유총선을 치르기로 예정됐다. 그러나 미국은 인도차이나 반도에서 공산주의 세력의 확대를 막는다는 구실로 남베트남에 개입하여 베트남 남북 분단의 고착화를 꾀했다. 그 결과 미국과 미국이 지원한 남베트남 독재 정부가 한편이 되고, 북베트남과 남베트남 민족해방전선이 또 다른 한편이 되어 충돌한 것이 베트남전쟁이다. 북베트남과 남베트남 민족해

방전선은 미국의 막대한 군사력으로 인해 엄청난 희생을 치르면서도 1968년 미국을 군사적 궁지에 빠뜨렸다. 그 후 국제적인 반전 여론이 고양되자 미국은 1973년 1월 파리협정을 통해 베트남에서 철수할 수밖에 없었다. 그 후 1975년 봄에 북베트남과 남베트남 민족해방전선이 전개한 군사 공세로 남베트남 정부가 붕괴, 베트남전쟁이 종식됐다.

9 기업가들은 문제가 있을 때마다 정부에 도움을 요청했다. 미국의 기업가들은 1880년대부터 정부의 산업 보호 및 보조 정책을 요구했다. 1930년대에 이르면 순수한 의미의 자본주의에 대한 신념은 미국에서 사라졌다. 심지어는 레이건 정권이 악명 높은 신자유주의 정책을 펼칠 때에도 미국 기업가들은 부와 이익을 보호하기 위해 국가의 개입을 당연하게 받아들였다.

10 미국 국립 과학 및 기술 공학 연구소는 〈민간 기술에서 정부의 역할: 새로운 협력 관계의 조성〉이라는 보고서에서 "상업성이 아직 부족한 분야의 연구 개발"을 촉진함으로써 과학기술을 상업화하고 업계를 돕기 위해서는, 정부로부터 재정적 후원을 받는 '민간 과학기술 회사'를 설립할 필요가 있다고 권고한다. 비용이 이익으로 전환되는 시점에 이 기업을 민간에 넘겨주자는 것이다.

11 아이젠하워는 1943년 당시 유럽 주둔 미군 사령관이었다.

12 마셜플랜은 정식 명칭이 '유럽부흥계획'으로, 제2차 세계대전 이후 서남유럽 경제 부흥을 위해 미국 국무장관 조지 마셜이 발의함에 따라 수립됐다. 당시 미국은 전쟁 후 빈곤에 시달리던 유럽에서 공산당의 영향력이 확산될 것을 우려했다. 이 계획은 처음부터 공산주의에 대한 견제를 전제로 한 만큼 소련의 강력한 항의를 받았으며, 결국 동유럽 국가들은 이 계획에서 탈퇴한다.

13 이탈리아는 그리스와 마찬가지로 서남아시아 지역과 중요한 연계성을 갖고 있는 국가이다. 1945년 9월 정부 기구 간 연락 문서는 "사우디아라비아와 이 지역의 유전에 대한 미국의 전략적 이해관계를 대변해주는 일종의 의사소통 라인"으로서 이탈리아를 미국의 영향력 아래에 두는 것이 필요하다고 언급했다. 이탈리아는 서아시아 지역으로부터의 원유 공급을 보장하는 중요한 위치에 있다.

14 1945년 8·15광복 이후 여운형을 중심으로 하여 조직한 조선건국준비위원회를 말한다.

15 제주 4·3사건을 말한다.

16 코스타리카 정부는 한때 사회민주주의를 추구하고 중앙아메리카 국가로서는 드물게 국가주도형 경제개발 전략으로 상당한 성공을 거두었다.

17 미국의 지배와 간섭에 반대하고 사회 개혁과 민주주의를 지지하는 생각을 의미한다.

18 1979년 니카라과에서 산디니스타 민족해방전선FSLN의 혁명이 성공하여 미국이 지지하는 소모사 정권이 붕괴되고 산디니스타 좌익 정부가 수립된 이후, 반혁명 세력들은 온두라스와 코스타리카에서 반군을 조직하여 니카라과에 대한 무력 침공을 꾀했다.

19 육두구과의 열대 상록수의 열매로, 종자는 동양에서 약용으로 서양에서 향미료나 화장품의 향료 등으로 쓰인다.

20 '그레나다 침공' 사건을 말한다. 1983년 당시 레이건 정부는 카리브 해에 위치한 소국 그레나다를 침공했다. 미국 시민의 안전 확보와 민주주의 및 법질서 수호라는 명목으로 그레나다 인민혁명정부PRG와 혁명 과정을 일거에 전복하기 위해 불법적인 무력 침략을 했다.

21 아옌데는 1970년에 칠레 좌파 정치인으로는 최초로 대통령에 당선됐으나, 1973년 피노체트가 이끄는 군사 쿠데타에 저항하다 사망했다. 아옌데는 대통령 취임 후 민주주의와 국민 기본권, 정당한 법 절차를 존중하는 정책에 역점을 두었다. 또 미국이 소유한 구리 광산의 무상몰수 등 과감한 경제개혁을 추진했다.

22 베트남의 혁명가이자 정치가이다. 북베트남의 지도자로 1945년 베트남 민주공화국이 성립하자 대통령에 취임해 북베트남에서 사회주의 건설의 기초를 마련했다.

23 진주만 공습 이전 미 국무장관 코델 헐Cordell Hull은 일본 노무라 기치사부로 野村吉三郎 외상과 협정을 맺는 과정에서 일본이 점령한 중국 지역에 대해 미국도 동등한 접근권을 가질 수 있도록 인정하라고 요구했다. 일본은 결국 미국의 요구를 받아들여 중국을 포함한 태평양 지역에서 '상업 관계의 비차별 원칙'을 수용했다. 그러나 일본은 이 원칙을 "전 세계적으로 똑같이 받아들이겠다는" 는 전제조건하에서만 미국의 요구를 받아들이겠다고 했다. 미국을 비롯한 서방이 인도, 인도네시아, 필리핀, 쿠바 등지에서 비차별 원칙을 허용할 리가 없었다. 미국은 1920년대부터 이 지역에서 고관세 정책을 유지하면서 일본 세력의 침투를 차단했다.

24 필리핀 수비크 해군기지와 클라크 공군기지를 말하는 것으로, 미군은 지난

1992년 필리핀에서 철수했다.

25 이는 지난 1994년 북미자유무역협정NAFTA으로 현실화됐다.

2장

•

1 케네디 대통령이 1961년 8월 미주기구 경제사회이사회에서 푼타델에스테 헌장을 채택하면서 시작됐다. 미국이 중심이 되어 10년 동안에 200억 달러의 경제원조와 민간투자를 제공하는 대신 중남미 국가들은 스스로 생활수준의 향상, 물가 안정, 주택 개선, 문맹의 일소, 공업화의 촉진 등을 실행할 의무가 있었다. 본래 이 계획은 중남미 여러 나라의 정치 상황을 안정시켜 쿠비 혁명의 영향이 다른 나라에 파급되는 것을 방지하기 위한 것이었다.

2 1979년 초 이란 혁명이 발생하고 난 직후이다.

3 이란 청년들에 의해 1979년 11월에서 1981년 1월까지 벌어졌다.

4 이란에 무기를 밀매한 이 사건을 일컬어 이란-콘트라 사건이라 한다. 미국은 이란에 판매한 무기 대금 4,800만 달러 중 일부를 니카라과의 산디니스타 정권을 전복하기 위해 콘트라 반군에 지원했다. 이 같은 사실이 폭로되어 큰 파문이 일자 실무를 맡았던 올리버 노스 중령 등 미국 국가안전보장회의 관계자들이 의회 청문회에 서기도 했다.

5 나치 비밀경찰 총수.

6 1961년 8월 후아오 굴라트가 대통령에 당선된 직후 브라질 정부는 노동자의 최저생계비를 상향 조정하고 "브라질 경제를 착취하는" 외국 자본이 브라질 밖으로 이윤을 빼내가는 것을 금지하는 등 개혁적인 정책을 펼쳤다. 그러자 브라질 토착 지배 세력과 군부 그리고 미국 기업은 불만을 표출했다. 결국 1962년 초 브라질 군부는 주브라질 미국 대사인 링컨 고든에게 쿠데타 계획을 통보했다.

7 경제학자 데이비드 펠릭스는, 브라질의 1965~1982년 군부독재 기간의 평균 경제성장률은 1947년, 1964년 의회정치 기간의 성장률과 비교해 그리 높은 것도 아니었다고 지적한다. 그리고 "기적을 일으킨 몇 해 동안" 군부와 기술 관료들이 주도한

'우파 소비주의'하에서 국내 저축률 역시 개선될 기미가 없었다. 내수 시장은 부자들을 위한 소비재에만 치중해 있었다. 1980년대 들어 브라질은 전 세계적인, 특히 아프리카와 라틴아메리카의 파멸을 초래한 경제 위기에 휩쓸렸다. 무역은 격감했고 인플레이션과 부채는 통제 불가능한 상태로 치솟았다. 기업들이 잇달아 파산하면서 실질소득은 격감하고 실업률도 50퍼센트에 이르렀다. 2003년에 룰라Lula 대통령이 집권한 뒤로 브라질의 정치, 경제, 사회 상황은 상당히 개선됐다.

8 미국의 언론인으로 뉴저널리즘의 핵심 이론가이다.

9 로베르토 다비송은 1992년 사망했다. 아레나 당원인 알프레도 크리스티아니는 1989년에 대통령에 당선되어 1994년에 임기를 마쳤다. 2009년 좌파 정당인 파라분도마르티해방전선FMLN 소속의 마우리시오 푸네스Mauricio Funes가 대통령에 당선되면서 20년 만에 좌파 정권이 등장했다.

10 리오숨풀은 엘살바도르와 온두라스의 국경 지역에 있다.

11 중남미 원주민이 가지치기에 사용하는 날이 넓은 칼. 정글도로 알려졌다.

12 아버지 부시, 즉 조지 H. W. 부시를 말한다. 이후 본문에 나오는 부시 대통령은 모두 그를 가리킨다.

13 산디니스타 민족해방전선은 1979년 7월 니카라과의 독재 정권인 소모사 정부를 무너뜨리고 혁명 정부를 수립한 정당이다. 산디니스타란 1927~1933년 반미·반정부 게릴라 투쟁 영웅 아우구스토 세자르 산디노Augusto Cesar Sandino의 이름에서 유래했다. 1985년 구성된 국회에서 절대 다수 의석을 차지하는 데 성공, 다니엘오르테가Daniel Ortega가 대통령으로 취임했다. 그러나 좌파 산디니스타 정권에 반대하는 콘트라 반군을 미국이 끈질기게 지원했다. 더불어 미국은 산디니스타 정권에 각종 경제 압력을 가해 정치·경제가 혼란한 상태에 이르게 한다. 결국 1990년 선거에서 친미파인 비올레타 차모르Violeta Chamorro가 정권을 잡았다.

14 애초에 미국이 니카라과에서 전쟁을 벌였던 이유 중 하나가 바로 소모사 정권 때처럼 니카라과 방위군이 엘살바도르, 과테말라, 온두라스에 대해 행사했던 영향력을 상실하지 않게 하기 위해서였다.

15 정부 또는 공공기관을 일컫는 '하드타깃'의 반대 개념으로, 민간인을 테러의 대상으로 삼는 행위를 말한다. 소프트타깃은 1986년 이란-콘트라 사건에서 미국의 사주로 콘트라 반군이 민간병원과 학교 등을 공격한 것에서 비롯됐다고 한다.

16 오스카 아리아스는 1986년부터 1990년까지, 그리고 2006년부터 2010년까지 코스타리카의 대통령을 역임했다. 20년에 걸쳐 10만 명 이상의 사망자를 낸 중앙아메리카 분쟁을 해결하기 위해, 1987년 8월 니카라과 – 엘살바도르 내전의 즉각 중단 등을 골자로 한 45개국 평화안, 즉 '아리아스 플랜'을 제의하여 중앙아메리카 5개국의 평화협정을 실현시켰다. 이 공로로 그는 노벨평화상을 받았다. 하지만 그는 니카라과 혁명을 내내 반대했고, 이 때문에 그가 협상을 중재하는 과정에서 미국의 중개인 역할을 했다고 보는 비판이 있다.

17 선거에서 미국이 지지하는 후보가 당선되자 단 제목.

18 지난 2006년 산디니스타는 정권 재탈환에 성공한다.

19 처음 이 책이 출간된 1992년을 기준으로 지난 15년 동안이다.

20 리오스 몬트는 전직 과테말라의 군인 출신 대통령이다. 과테말라에서 36년간 벌어진 내전 과정에서 발생한 잔학 행위 중 상당 부분이 그가 통치했던 군사독재 기간(1982~1983)에 벌어졌다(1996년 평화협정으로 내전은 종식됐다). 과테말라군과 좌파 반란군 사이의 무력 출동이 벌어지면서 적어도 20만 명의 과테말라인들이 살해당했으며, 현대 라틴아메리카 역사상 최악의 전쟁 중 하나가 됐다. 원주민인 마야족은 리오스 몬트의 통치 아래서 큰 고통을 겪었다. 시골 지역에 사는 마야족 중 대다수가 게릴라 정부를 지지하고 그들에게 은신처를 제공했다는 의심을 받아 정부가 의도적으로 수천 명의 마야족을 겨냥한 것이다. 리오스 몬트는 2003년 대통령 선거에 여당 과테말라 공화전선FRG의 후보로 선거에 나왔지만 첫 번째 경선에서 약 20퍼센트의 득표율을 기록해 결선 투표에 올라가는 데 실패했다.

21 분리되기 이전 체코슬로바키아의 프라하.

22 과테말라 정부.

23 에스파냐계 백인과 인디오와의 혼혈 인종으로 라틴아메리카 인구의 약 70퍼센트를 차지한다.

24 노리에가는 콜롬비아 빈민 출신으로 파나마군에 입대하여 아르눌포 아리아스 정부를 무너뜨린 쿠데타에 가담했다. 군 정보부장 재직 시절 미국 닉슨 정권과 결탁하는 한편 마약 밀매를 둘러싼 추문이 끊이지 않았다. 한편, 파나마 운하 조약에 따른 조차 지대의 반환에 즈음하여 노리에가와 미국 사이의 갈등이 심화됐고, 1989년 반노리에가 쿠데타가 실패하자 이듬해 미국이 파나마를 침공하여 마약 밀매 혐의로

노리에가를 체포, 미국으로 압송해갔다. 노리에가는 1992년 종신형을 선고받고 현재 미국 교도소에 수감 중이다.

25 파나마 운하는 중앙아메리카의 운하로 대서양과 태평양을 잇는 전략적·경제적 요충지이다. 1879년 프랑스의 한 외교관이 회사를 만들어 착공한 후, 1903년 파나마와 미국 간의 조약을 통해 미국이 건설권과 운영 독점권을 차지했다. 그러나 1904년 8월 운하가 개통한 후 양국 간에는 운하 지배권을 둘러싼 갈등과 충돌이 끊이지 않았다. 결국 1977년 카터 대통령과 파나마 정부는 2000년에 운하에 대한 모든 권리를 파나마에 넘겨준다는 내용의 조약을 체결했다. 이에 따라 파나마 운하 관리권은 1999년 12월 말 파나마로 완전히 이양됐다.

26 미국 사람들을 말한다.

27 5세기에 유럽 일대를 휩쓴 아시아 유목민의 왕.

28 NBC 소속의 유명 앵커.

29 이디 아민은 우간다의 독재자이고, 아야톨라 호메이니는 이란 혁명이 일어난 후 정권을 잡은 시아파 종교 지도자이다.

30 ABC 소속의 유명 앵커.

31 19년간 아이티를 통치했던 독재자 프랑수아 뒤발리에가 1971년 사망하자, 당시 19살이었던 아들 장 클로드 뒤발리에가 뒤를 이어 종신 대통령에 올랐다. 그러나 무능하고 부패한 정권에 지친 국민들의 저항에 부딪히자 1986년 장 클로드 뒤발리에는 미국 마이애미를 거쳐 프랑스로 망명했다.

32 1965년 쿠데타로 정권을 장악한 벨기에령 콩고민주공화국 대통령으로 1997년 사망했다.

33 루마니아 대통령으로 1989년 동유럽 공산 정권 붕괴 여파로 실각한 후 부인과 함께 처형당했다.

34 수하르토는 1965년 공산 세력이 일으킨 쿠데타를 진압한다는 명분으로 군 병력을 동원하여 역으로 쿠데타를 일으켜 인도네시아의 실권자로 부상했다. 1966년 수카르노 대통령을 실각시킨 후 이듬해 제2대 대통령으로 취임, 1998년 대대적인 민주화 운동에 의해 실각할 때까지 32년 동안 철권통치로 온갖 탄압과 부패를 자행했다. 2008년에 사망했다.

35 비슷한 예로 볼리비아를 들 수 있다. 서방은 지난 1980년대 중반에 볼리비아가

경제 기적을 이뤘다며 그 예로 물가 안정과 수출 증가를 꼽았다. 그러나 수출이 늘었다고는 하지만, 전체 수익의 3분의 2가 마약인 코카인 수출을 통해 얻은 것이었다. 결국 마약 거래로 번 돈이 화폐 및 물가 안정화에 기여한 셈이다. 마약 거래로 번 30억 달러 중 80퍼센트는 국내에서 소비됐고 나머지는 돈세탁을 위해 미국 은행들로 흘러 들어갔다.

36 당시 친미 남베트남 정권조차 미국의 간섭을 거부하고 미군 철수를 촉구하면서 북베트남과 독자적으로 평화조약을 맺을 움직임을 보이기도 했다. 그러자 케네디 정부는 1963년 군사 쿠데타를 일으켜 기존 정권을 전복하고 군사정권을 수립했다.

37 필리핀의 마르코스 독재는 1986년 대중적 저항으로 종식된다.

38 기독교의 한 교파.

39 평화 원조 식량이란 실제로는 선진국의 수출을 늘리기 위한 하나의 수단에 불과하다. 이 프로그램은 미국 농부들에게는 국가 보조금을 지원하고, 원조 대상 국가를 미국의 '식량 종속국'으로 만드는 데 목적을 두고 설계됐다.

40 크메르루주는 게릴라전을 통해 권력을 장악한 이후 1975~1979년 캄보디아를 통치한 급진 공산주의 단체로, 1951년 베트남의 베트민이 후원하여 만들어진 캄보디아 인민당에서 유래했다. 크메르루주는 1970년 노로돔 시아누크 정부가 우익 군사 쿠데타로 무너진 뒤 정치적 연합을 형성하고 캄보디아 농촌 지역에 대한 대폭적인 지원을 시작했다. 1970년부터 1975년까지 계속된 내란에서 통제권을 점진적으로 확대해 나가던 크메르루주는 그해 4월 수도 프놈펜 장악에 성공한다. 그 후 200만 명 이상의 국민들이 강제 노역, 기아, 고문, 처형으로 사망하는, 소위 '킬링필드'를 초래했다. 미국의 지원을 받으며 베트남과 대립하다 1976년 베트남군의 침공으로 실권을 잃었다.

41 동티모르는 인도네시아 사부 해와 티모르 해 사이에 있는 티모르 섬의 동부에 자리 잡고 있다. 수도는 딜리. 특히 티모르 해저에 묻혀 있는 대규모의 유전자원 개발권을 둘러싸고 인도네시아, 호주, 티모르는 치열한 각축전을 벌였다. 서티모르는 행정상 인도네시아의 일부로 취급되고 있으며, 동티모르는 1975년까지 포르투갈의 영토였다가 그해 11월 민주공화국으로 독립했다. 그러나 같은 해 12월 인도네시아의 침략을 받고 이듬해 병합됐다. 동티모르의 독립운동을 잔혹하게 진압해 국제적 비난의 표적이 됐던 인도네시아 정부는 수하르토 정권의 붕괴 이후 1999년 동티모

르 독립 의사를 묻는 자유 투표를 실시, 주민 대다수의 찬성에 따라 2002년 신생 독립국이 됐다. 한국도 평화유지군을 파견한 바 있다.

42 캄보디아의 크메르루주 지도자로 킬링필드의 주범. 1976년 베트남의 침공 이후에 크메르루주군을 이끌고 캄보디아 산악 지대로 들어가 투쟁을 계속하다가, 정치적 실권을 잃고 1998년 피살됐다.

43 1984년 4월 호주 외무장관 빌 헤이든은 호주가 동티모르의 자원에 관심이 있다는 것을 솔직히 인정했다. 1989년 12월 그의 후임인 개러스 에반스는 인도네시아와 동티모르의 자원을 나누어 관할한다는 내용의 협약을 체결했다. 이듬해인 1990년 호주는 각국 석유 회사들에게 동티모르 유전 채굴권을 허용해준 대가로 3,100만 호주 달러를 벌었다.

44 1960년대, 미국은 과거 존경받는 국제기구였던 유엔이 '다수의 전제정치'에 빠지게 됐다고 신랄하게 비난했다. 미국은 한때 강대국의 잔심부름꾼에 불과했던 약소국들의 영향력이 커지자, 유엔 자체를 무기력하게 만들기 위해 전력을 기울였다.

45 아랍의 여러 국가들은 아라비아 만이라고 부른다.

46 그러나 당시 《뉴욕타임스》 같은 신문은 이라크 사태에 대해 보도하면서도, 8월 중순부터 미국 정부 고위층에서 논의된 이라크 철수 협상에 대해서는 관심을 보이지 않았다.

47 1991년 1월 15일 이라크 공습 전야에 실시한 여론조사에 따르면, 미국 국민 대다수는 외교적 타결을 지지했다. 정작 미국 국민들은 정부의 언론 통제로 인해 미국 정부가 이라크 측의 협상을 계속 거부해왔다는 사실을 몰랐던 것이다.

48 여기서 사용한 '연계'란 한 사안을 다른 사안에 연결시키는 외교 전략을 말한다.

49 1982년 이스라엘은 레바논을 침공하여 18년 동안 레바논 남부를 불법으로 점령하다가 레바논 시아파 헤즈볼라의 끈질긴 게릴라전에 밀려 지난 2000년 철수했다. 2003년 미국이 이라크를 침공하여 점령하자, 이스라엘은 이를 이용하여 2006년 재차 레바논을 공격했지만 레바논 측의 강력한 저항으로 성과를 거두지 못했다.

50 레이건과 부시 대통령 시절에 미국은 카리브 해 지역에 개방–수출 중심 경제체제 건설을 부추겼다.

51 1975년부터 앙골라는 남아프리카공화국과 요나스 사빔비가 이끄는 앙골라완전독립민족동맹UNITA 테러 병력으로부터 공격을 받아왔다. 미국의 원조를 등에 업

은 UNITA는 나미비아와 자이르(현재 콩고민주공화국)를 근거로 활동하고 있었다. 1991년 5월 평화협정이 체결되면서, 조항에 따라 앙골라에서 선거가 치러지게 됐다. 하지만 미국은 UNITA에 대한 지원을 계속했다. 그 결과 UNITA에 대한 농민들의 강한 반감을 샀다.

52 이 사건의 핵심 인물인 올리버 노스의 약칭이다.

53 이란 혁명으로 무너진 이란의 왕조.

54 '성경'과 '초콜릿 케이크'는 당시 미국과 이란이 무기 판매 문제를 두고 국민들 모르게 상호 접근했던 것을 촘스키가 풍자해서 표현한 말이다. 당시 미국은 레바논 시아파에게 억류된 미국인들을 석방하는 대가로 국가안전보장회의 의장이 주도하여 비밀리에 이란에 대공미사일을 판매했다.

55 소련의 아프가니스탄 침공은 1978년 4월 좌파 장교들이 중도파 아프가니스탄 정부를 진복시킴으로써 시작됐다. 지지 기반이 약했던 새 정부는 소련과 친밀한 시대 관계를 구축하면서 광범위한 토지개혁과 사회 개혁을 실시했다. 그러나 이슬람교도들과 많은 반공산주의적인 그룹들이 이에 반대하여 이슬람교도 폭동이 일어났고, 연립정부 내에서도 내분이 발생했다. 이러한 상황에 자극받은 소련은 1979년 12월 3만 명의 소련군을 보내 아프가니스탄을 침공하게 된다. 아프가니스탄 전쟁은 10만 명의 소련군이 대도시와 중소 도시 및 주요 군사 주둔지를 장악하고 상대적으로 반대파였던 무자헤딘이 시골 지역으로 흩어짐으로써 빠르게 교착상태에 빠졌다. 소련군의 잔악 행위로 인해 인구가 감소했으며 주민들은 피란길에 올랐다. 1982년까지 약 280만 명의 아프가니스탄인이 파키스탄 수용소로 도피했으며 150만 명은 이란으로 탈주했다. 이 과정에서 미국은 소련에 저항하는 무자헤딘을 지원했고, 오사마 빈 라덴 같은 국외 이슬람주의자들도 미국의 지원하에 아프가니스탄 전쟁에 참여했다. 1988년 소련군이 철수하고 아프가니스탄이 비동맹 국가로 다시 복귀한다는 협정이 미국, 파키스탄, 아프가니스탄, 소련 사이에 맺어졌고, 1989년 고르바초프는 소련군을 아프가니스탄으로부터 완전히 철수시켰다.

56 소련 주도의 공산권 군사방위조약.

57 레이건은 미국 경제의 활성화를 내걸고 일련의 정책을 시행했다. 대표적인 것이 대폭적인 감세로 근로 의욕과 기업 투자 의욕을 고취시켜 공급 측면에서 경제 활성화를 달성하자는 것이 골자였다. 이에는 엄격한 통화 관리, 세출 억제를 통한 재정

적자 축소, 행정 규제 완화 등도 포함된다. 그러나 레이건 행정부 8년 동안 미국 사회는 돈을 마구 빌려와 써버리는 경제정책 때문에 심각한 경제적 후퇴와 사회적 파산 상태에 처했다. 그 결과 연방, 주, 지방, 기업, 각 가정 등 미국 사회의 거의 모든 경제 단위에서 빚이 쌓이게 됐고, 반면 생산적인 투자는 거의 이뤄지지 못했다.

58 국방부에 연관된 각종 공적·사적인 연구, 개발, 생산, 납품, 운송, 유통 라인을 말한다.

59 미국의 산업 정책이 첨단산업을 정기적으로 부양하고 경영 결정의 위험성을 완화시키기 위한 국가의 시장 보증과 이른바 펜타곤 시스템을 기반으로 이루어졌다는 말이다. 미국 정부는 경제적 자극이 필요할 때마다 국가 안보를 내세우곤 했다. 1950년 한국전쟁, 케네디 정권의 쿠바 미사일 위기, 임박한 소련의 세계 정복 야욕, 레이건 정부의 군비 증강 등이 모두 경제적 자극을 위한 구실로 이용됐다. 이처럼 정부가 경제에 적극적으로 개입한 덕분에 미국은 첨단산업 분야에서 선두를 지킬 수 있었다. 생명공학, 약학, 농산업 등 최근 국제적으로 기술 개발 경쟁이 치열한 분야에서도 마찬가지인데, 이 분야들에서도 국가 개입이 핵심적인 역할을 하고 있다.

60 1992년이 아니라 지금 이 책을 썼다면 촘스키는 빈 라덴을 추가했을 것이다.

3장
•

1 케네디 정부 당시 국가안전보장회의 의장.

2 1953년 동독의 시위와 1956년 헝가리 혁명, 1968년 체코슬로바키아의 '프라하의 봄' 시위에 대한 소련군의 진압을 말한다.

3 레이건 대통령이 소련을 지칭하며 사용한 말이다.

4 국방정보센터에 따르면, 1979년에 소련은 세계 인구의 6퍼센트, 세계 국민총생산의 5퍼센트에 불과한 자국의 영역 내에서만 영향력을 행사하고 있다고 결론을 내렸다. 1960년대 중반 소련 경제는 이미 정체 상태에 들어섰거나 퇴조하고 있었다.

5 부유한 산업국들이 많은 북반구와 과거 이들의 식민지가 많은 남반구 사이의 격차와 갈등을 의미한다. 촘스키는 러시아혁명 이전의 러시아 역시 제3세계화의 전형

적인 방식을 따르고 있다고 본다. 제1차 세계대전 전야에 러시아는 어느 정도 서유럽 자본의 식민지였다는 것이다. 따라서 북반구와 남반구 간의 빈부 격차 및 갈등은 이미 러시아에서 시작됐으며, 러시아혁명은 이에 대한 대응이었다는 것이다. 또 1917년 10월 러시아혁명을 저지하기 위해 서방이 군사적 개입을 했을 때 이미 냉전의 기본 구도가 만들어졌다고 지적한다. 따라서 러시아혁명은 과테말라나 니카라과의 경우와 비교할 때 규모만 더 컸다 뿐이지 기본적으로 차이가 없다. 볼셰비키는 한마디로 급진 민족주의였다는 것이다.

6　미국의 현 사회정책은 가난한 대중들을 도시 중심부에 몰아놓고 서로가 서로의 먹이가 되게 만드는 것이다.

7　타이, 미얀마, 중국 사이에 위치한 유명한 마약 산지를 일컫는다.

8　마약 밀매망.

9　여기서 '교리적'이라는 의미는 지배 세력이 세상을 다스리기 위해 만들어낸 원칙, 즉 허위의식으로서의 이데올로기를 뜻한다.

10　미국 주류 언론과 문화계에서는 '미국의 베트남 침공'이라는 말을 찾아볼 수 없고 오히려 미국을 베트남전쟁의 피해자로 여기는 경향이 일반적이다.

11　정치적 올바름political correctness이란, 원래 사회적으로 소외되고 억압받는 계층, 즉 흑인이나 여성, 소수민족, 동성애자 등을 이들이 언어로 받는 모욕에서 보호해야 한다는 생각에 기초해 있다. 그러나 미국 보수파는 이 용어를 사용하는 사람들이 오히려 자신과 견해를 달리하는 사람들을 무조건 "정치적으로 옳지 않다"고 매도하고 있다며 역비난한다. 촘스키는 보수파들이 이 용어를 진보파에 대한 욕으로 사용하는 것에 대항하여 오히려 보수파들의 용어 사용이야말로 비난의 의미로서 '정치적 올바름'을 보이고 있다고 비꼰다. 그런 욕을 먹어야 할 대상은 보수파들이라는 점을 역설적으로 강조하기 위해서다. 즉, 보수파들이 용어의 실제 의미를 전도하여 기업가의 무제한적인 이윤 추구를 '자유'로, 민중의 욕구를 억압하는 것을 '안정'으로, 전쟁을 '평화'로, 억압을 '민주주의'로 이용하는 것을 지적하는 것이다.

12　레이건주의자들이 신봉하는 반동적 국가주의를 말하는 것으로 이들은 기밀 시효가 지난 공문서의 공개조차 거부함으로써 국민의 알 권리를 무시하고 있다. 레이건 정권 때의 언론 통제는 미국 역사상 유례없이 심각했다. 당시 국무부 자문위원장은 정부의 공문서 은폐에 항의하여 사임하기도 했다. 촘스키는 이런 반동적 국가주

의는 존 로크의 자유주의와는 대척점에 있다고 본다.

13 연방주의자로서 미국 대법원장을 지냈다.

14 촘스키는 아나키스트적 입장에서 10월 혁명을 쿠데타로 보고 있다.

15 레닌과 트로츠키는 러시아혁명을 이끈 볼셰비키 정당의 지도부들이다.

4장

•

1 쿠바의 피그스 만 침공을 말한다. 1959년 쿠바 혁명이 일어난 지 2년 뒤인 1961년 4월, 1,500여 명의 반카스트로 쿠바 망명객들이 미국 정부의 재정 지원을 받아 쿠바 남서부 피그스 만을 침공했다가 실패한 사건. 이를 계기로 미국과 쿠바의 관계는 물론 동서 냉전이 악화됐다. 1961년 4월 쿠바인이 조종하는 미국 국적 비행기 세 대가 쿠바의 공군기지를 폭파한 것과 함께 지상에서도 공격이 시작됐으나, 19일 마지막 주력부대가 체포되면서 미국의 쿠바 공습은 실패로 끝나고 말았다.

2 베트남 신드롬이란 베트남에서 미국이 패배하여 철수한 후에 미국이 해외파병을 극도로 두려워하는 현상을 말한다.

3 1962년은 미국에서 민권운동이 활발하게 벌어진 때로, 만약 그때 구세계 질서가 몰락했다면 콜럼버스가 아메리카 대륙을 발견한 이래로 계속된 식민주의의 종말을 축하하는 자리로 바뀌었을 것이란 의미다. 하지만 1992년엔 미국에서 콜럼버스의 역사적 '발견'을 재조명하는 각종 전시회, 기념식, 축제들이 열리는 등 흥청대는 분위기였지만, 에스파냐에게 학살당했던 중남미 원주민들의 피맺힌 절규는 그야말로 소수의 목소리로 치부되어 언론은 물론 학계로부터도 별다른 주목을 받지 못했다.

4 여기서는 서구인을 가리킨다.

1928년(출생) 언어학자이자 철학자이며 정치적 행동주의자인 에이브럼 노엄 촘스키^{Avram Noam Chomsky}는 12월 7일 필라델피아 부근 이스트 오크 레인^{East Oak Lane}에서 태어남. 아버지 윌리엄 촘스키^{William Chomsky}는 우크라이나에서 태어나 1913년에 미국에 온 이민자이고, 어머니 엘시 시모노프스키^{Elsie Simonofsky}는 벨라루스 출신. 부모 다 보수적인 정통 유대교 가문에서 자라남. 어머니는 교사이자 행동주의자로, 당시 미국 문화의 편협한 억압 속에서도 전통적 방식으로 가정을 꾸려 나감. 아버지도 교사였는데, 히브리어 문법을 전공한 히브리어 학자로, 《뉴욕타임스^{The New York Times}》 부고난에 "세계 최고의 히브리어 문법가 중 한 사람"으로 소개되었을 정도로 명성을 얻음. 언어학자인 아버지는 노엄에게 평생 큰 선물이 됨. 외가 쪽으로는 사회주의자인 친척이 꽤 있었지만 부모는 루스벨트^{Franklin Roosevelt}를 지지한 민주당원으로 중도 좌파였으며 존 듀이^{John Dewey}의 교육론을 지지했음.

＊　이 연보는 촘스키 공식 웹사이트(www.chomsky.info)와 볼프강 B. 스펄리치^{Wolfgang B. Sperlich}의 《한 권으로 읽는 촘스키^{Noam Chomsky: Critical Lives}》를 참고하여 편집부에서 작성했으며 장영준 교수(중앙대학교 영어영문학과)가 감수했다.

1930년(2세) 상당히 일찍부터 정식 교육을 받기 시작해 템플 대학교^{Temple} University에서 운영하는 듀이식 실험학교인 오크 레인 컨트리 데이 스쿨^{Oak Lane} Country Day School에 입학, 열두 살까지 다님.

1933년(5세) 동생 데이비드^{David} 출생. 1930년대에 촘스키는 대공황의 여파로 드리운 전체주의의 어두운 그림자를 실감하며 자라남. 부모와 부모의 동료가 교육 현장에서 실천하는 모습을 보며 상식으로 세상을 바꿔야 함을 배움. 촘스키는 아나키즘적 정치철학에서 "행동이 이론을 세우는 것보다 훨씬 중요하다"는 교훈을 배움. 촘스키의 이상은 아나키즘적 생디칼리슴에 뿌리를 두는 반면, 정치적 행동주의라는 사상은 상식에서 출발함.

1938년(10세) 에스파냐 내전에서 바르셀로나가 파시스트에 점령당하자 학교 신문에 '파시즘의 확산'을 주제로 사설을 게재함. "오스트리아가 점령당했고 체코슬로바키아가 점령당했으며 이제 바르셀로나도 점령당했다"로 시작함.

1940년(12세) 센트럴 고등학교^{Central High School} 입학. 대학 진학을 최우선 목표로 삼는 경쟁적인 학교에서 위계적이고 엄격한 교육 방식에 다소 곤란을 겪음. 선천적으로 지적 활동을 좋아해 부모에게서 "아들 녀석이 벌써부터 부모를 이기려 한다"는 말을 듣고 자람. 또래 아이들이 슈퍼맨 만화책을 읽을 때, 유대인 공동체에 속한 탓에 시오니즘에 관한 책과 논문을 읽음.

1941년(13세) 중세 히브리어 문법과 역사를 학문적으로 연구한 아버지 덕분에 어린 시절부터 문법이란 개념에 익숙했음. 13세기 히브리어에 대해 아버지가 쓴 원고를 교정 봄. 그러나 문법보다는 정치에 더 관심이 많음. 특히 뉴욕의 외가에 자주 오가면서 이모부 밀턴 클라우스^{Milton Klauss}가 운영하는 신문 가판대에 드나드는 지식인들을 통해 지적 자극을 받음. 훗날 촘스키는 당시 경험을 "10대 초반에 내게 가장 큰 영향을 미친 지적인 문화"였다고 회고함. 이모부는 자유주의 이외에 국내외의 프로파간다에 속고 억압받는 계급과, 그들과 연대하는 것에 대해서도 관심을 가져야 한다고 가르침. 가족의 사교 범위는 좁았지만 이모부에게서 자양분을 공급받을 수 있었음. 한때는 에스파냐의 아나키즘 혁명에 심취했고, 반파시스트 난민들이 주로 운영하는 뉴욕의 중고 서점과 아나키스트들이 이디시어로 발행한 《노동자의 자유 목소리 Freie Arbeiter Stimme》 사무실을 들락거림. 이 잡지에 실린 글과, 주류 언론과 서점에 쌓인 책에서 접하는 정보가 극명하게 다른 것에 충격을 받음. 후에 촘스키가 언론 산업에 관심을 갖게 된 결정적인 계기가 됨.

1945년(17세) 펜실베이니아 대학교 University of Pennsylvania 입학. 철학, 논리학, 언어학 등 일반 과정을 이수하면서 흥미로운 주제로 보고서를 써냄. 모국어인 영어와 제2 언어로 히브리어를 쓰며 성장한 그는 대학에서 고전 아랍어와 프랑스어, 독일어 기초를 익힘. 그러나 이것이 그를 언어학자로 이끈 것은 아님. 아버지의 학교에서 히브리어를 가르치며 학비를 번 까닭에 겨우 낙제를 면하기도 함. 대학을 중퇴하고 팔레스타인으로 가 키부츠에서 일할 생각을 품음. 이탈리아 출신의 반파시스트 망명자로 훌륭한 인격자이면서 뛰어난 학자인 조르조 레비 델라 비다 Giorgio Levi Della Vida 와 조우. 그는 촘스키의 이상과 정치적 행동주의에 적잖이 영향을 미침. 또 정치적 행동주의자이면서 뛰어난 작가인 조지 오웰 George Orwell 에 푹 빠짐. 특히 《카탈로니아 찬가 Homage to Catalonia》에 깊은 인상을 받음. 드와이트 맥도널드 Dwight Macdonald 가 1999년까지 발행한 정치 잡지 《정치 Politics》에 가끔 실리는 오웰의 글에 심취함.

1947년(19세) 정치 모임에서 같은 학교의 젤리그 해리스 Zellig Harris 교수와 만남. 촘스키가 정치적 행동주의자와 언어학자로서의 길을 걷는 데 결정적인 영향을 준 그는 미국에서 처음으로 언어학과를 펜실베이니아 대학교에 만들었으며 구조주의 언어학과 담화 분석의 창시자임. 게다가 프랑크푸르트학파와 심리 분석에 푹 빠진 비판적 사상가로 정치관마저 촘스키와 매우 흡사했음. 자유분방한 해리스는 촘스키에게 수학과 철학을 공부하라고 권하기도 함. 격식을 벗어난 듀이식 교육을 받은 촘스키는 자유로운 분위기에서 학문적 토론에 심취함. 언어학자이자 《촘스키 Chomsky》(1970)의 저자인 존 라이언스 John Lyons 는 "학생 촘스키는 해리스의 정치적 관점에 매료됐고 그 때문에 언어학과 대학원을 선택했다. 어떤 의미에서는 정치학이 언어학으로 그를 인도한 셈이다"라고 함.

1948년(20세) 학위 논문 주제를 고민하는 촘스키에게 해리스가 '히브리어 연구'를 권함. 해리스가 쓴 《구조주의 언어학의 방법론 Methods in Structural Linguistics》 (1947)에 완전히 매료되어 언어학에 빠져듦.

1949년(21세) 학사 학위 논문 발표. 이때부터 개인적인 삶과 학자로서의 삶, 정치적 행동주의자로서의 삶을 이어감. 히브리어에 해리스의 방법론을 접목해 〈현대 히브리어의 형태음소론 Morphophonemics of Modern Hebrew〉 초고 완성. '생성통사론'의 출현을 예고한 논문이지만 촘스키는 이후로 시행착오를 거듭함. 12월 24일 어린 시절 친구인 캐럴 샤츠 Carol Schatz (19세)와 결혼.

1951년(23세) 캐럴이 프랑스어로 학사 학위 받음. 펜실베이니아 대학교에서 학사 학위 논문을 수정하여 언어학으로 석사 학위 받음. 이즈음 촘스키는 철학에 심취해, 굿맨 Nelson Goodman, 콰인 Willard Van Orman Quine 등과 교류하고, 이 둘을 통해 카르나프 Rudolf Carnap, 러셀 Bertrand Russell, 프레게 Gottlob Frege, 비트겐슈타인 Ludwig Wittgenstein 을 만남. 과학자이자 수학자이며 논리학자인 러셀은 오웰만큼 촘스키에게 깊은 영감을 불러일으켰으며, 그가 가장 닮고 싶어 한 사람으로 지금까지 그의 사진을 연구실에 걸어둠. 이 밖에도 옥스퍼드 대학^{Oxford} University 철학과의 존 오스틴^{John Austin} 교수에게 큰 영향을 받음. 굿맨의 권유로 유망한 대학원생을 지원하는 장학제도인 하버드 대학교^{Harvard University} 특별연 구원^{Society of Fellows}에 지원함. 연구원^{Junior Fellow}으로 선발되어 보스턴으로 이주. 찰스 강 남쪽 올스턴^{Alston}의 커먼웰스^{Commonwealth} 가에 위치한 조그만 아파트 를 세 얻음. 같은 연구원인 언어학자 모리스 할레^{Morris Halle}는 촘스키의 언어 학을 이해해준 극소수의 동료 중 한 사람으로 남음. 프라하학파 창시자의 일원이자 절친한 사이가 된 로만 야콥슨^{Roman Jakobson}도 만남.

1953년(25세) 캐럴이 하버드 대학교의 여자 단과 대학인 래드클리프 대학 Radcliffe College 으로 전학함. 하버드 연구원이 누릴 수 있는 가장 큰 혜택인 여행 보조금으로 부부가 첫 해외여행을 떠남. 주목적은 키부츠 체험과 유럽 여 행. 영국, 프랑스, 이탈리아를 거쳐 이스라엘로 가, 제2차 세계대전이 유럽 에 남긴 상흔을 직접 보고 옴. 음성학을 공부하던 캐럴이 돌연 학업을 중단 함. 촘스키는 그간의 연구를 접고 취미로 해온 '생성문법^{generative grammar}'에 집 중. 첫 학술논문 〈통사분석 체계^{Systems of Syntactic Analysis}〉를 언어학 저널이 아닌 논 리적 실증주의 저널 《기호논리학 저널^{Journal of Symbolic Logic}》에 발표하여 큰 호응 을 얻음.

1955년(27세) 유럽 여행 후부터 계속 영원히 키부츠에 정착하는 문제 고민. 가능성 타진을 위해 캐럴이 이스라엘로 떠남. 하버드 특별연구원 장학금을 1955년까지로 연장함. 4월 징집영장 받음. 6주 뒤로 징집을 연기하고 4년 간 미뤄온 박사 논문 마무리. 〈변형 분석^{Transformational Analysis}〉으로 박사 학위 취 득, 군 복무 면제받음. 이 논문은 1975년 출판되는데, 언어학의 새 지평을 열었다고 평가받음. '변형 분석'은 문장의 언어 층위를 심층 구조와 표층 구조로 설명하는 혁명적인 개념으로, 거의 1,000쪽에 달하는 이 논문에서 그는 이분지^{binary branching}를 이용한 수형도를 발전시킴. 하버드 대학교 도서관에 마이크로필름으로 보관되자마자 논문은 '지하 고전'이 되었고, 열람이 가능한 소수의 '내부자' 집단이 생겨남. MIT(매사추세츠 공과대학교)에서 강사로 일하기 시작. 처음에는 박사 과정 학생들을 대상으로 필수과목인 프랑스어와 독일어를 가르쳤으나 곧 '언어와 철학' 강좌가 개설되었고 강사를 찾지 못한 이 강좌에 지원함. 철학과 언어학을 결합해 강의하며 엄청난 분량의 원고와 독창적 강의 노트를 축적해갔는데, 이후 엄청난 양의 출판물을 쏟아내는 기반이 됨.

1956년(28세) 모리스 할레, 프레드 루코프^{Fred Lukoff}와 함께 논문 〈영어 액센트와 절점에 관하여^{On Accent and Juncture in English}〉 발표.

1957년(29세) 2월 공학과 수학, 과학을 전공하는 MIT 학부생들을 대상으로 한 강의 노트를 바탕으로 《통사 구조^{Syntactic Structures}》 출간. 상업적으로는 성공하지 못했지만 현대 언어학의 고전으로 언어학자의 필독서이자 스테디셀러가 됨. 4월 20일 딸 아비바^{Aviva} 태어남(중앙아메리카의 역사와 정치를 전공하고 아버지의 뒤를 이어 학자가 됨). 선배 교수이자 초기부터 촘스키 이론에 관심을 둔 조지 밀러^{George Miller}의 초대로 스탠퍼드 대학^{Stanford University}에서 여름 학기를 보냄. 이듬해까지 콜롬비아 대학^{Columbia University} 초빙 교수를 지냄.

1958년(30세) MIT 부교수가 됨.

1959년(31세) 2004년의 한 강연에서 촘스키는 하버드 대학원 시절을 회고하며 "생물언어학적 관점^{biolinguistic perspective}은 제2차 세계대전 직후 미국에 알려지기 시작한 동물행동학^{ethology}을 비롯해, 생물학과 수학의 발전에 크게 영향을 받은 일부 하버드 대학원생들의 토론에서 이미 반세기 전에 요즘의 형태를 갖추기 시작했다"고 밝힘. 이런 접근법에 영향을 받아 스키너의 《언어 행동 Verbal Behavior》(1957)을 다룬 평론(《스키너의 《언어 행동》에 대한 고찰 Reviews: Verbal behavior》)을 언어학 학회지 《언어 Language》에 발표, 언어가 학습되는 행동이라는 이론을 여지없이 무너뜨림. '자극－반응－강화－동기부여'로 이루어지는 행동주의의 이론적 틀이 언어학에서나 일반 과학에서 추론적 의미는 물론 경험적 의미도 갖지 못한다는 점을 증명함으로써 당대 학자인 스키너와 콰인을 정면공격함. 마치 경험주의와 합리주의 논쟁으로도 비친 이런 논쟁을 다른 학자들과 즐겨 했고, 평론가들은 이를 일컬어 '언어학 전쟁 linguistics wars'이라고 부름. 그러나 길버트 하먼 Gilbert Harman 은 "촘스키의 언어 이론만큼 현대 철학에 영향을 미친 이론은 없다"고 평함. 이듬해까지 프린스턴 대학 Princeton University 고등연구소 Institute of Advanced Study 회원으로 있음.

1960년(32세) 둘째 딸 다이앤 Diane 태어남(현재 니카라과 수도 마나과에 있는 한 원조 기구에서 일함). 1960년대 들어 적극적으로 정치적 견해를 피력하기 시작. MIT 전자공학연구소에 있던 시절 촘스키는 테크놀로지를 경멸했는데 1950년대 말부터 컴퓨터와 컴퓨터 언어학에 컴퓨터를 응용하는 분야를 인정하기 시작했고, 이런 그의 비판적 관심이 오토마타 이론 Automata Theory (자동번역이론)에 기여했으며, 결국 자연 언어에 수학적 이론을 접목한 '촘스키 계층 구조 Chomsky hierarchy'를 완성하기에 이름.

1961년(33세) MIT 종신교수가 됨.

1964년(36세) 1967년까지 하버드 인지 연구 센터 Harvard Cognitive Studies Center 연구원을 지냄.

1965년(37세) 지금도 언어학계에서 가장 훌륭한 저작으로 손꼽히는 《통사이론의 제상 Aspects of the Theory of Syntax》 출간. '표준이론 Standard Theory'에 대한 대학원생과 신임 교수들의 허심탄회한 논의를 정리한 책임. 베트남전쟁이 발발하자 정치적 행동주의자가 되기로 결심하고 항의 집회에 적극적으로 참여함. 삶 자체가 불편해지고 가족들에게도 피해가 갈 것이며 더 자주 여행하고 더 많은 사람을 만나야 하고 또 정치에 무관심한 학계의 따돌림도 받겠지만 모든 것을 감수하기로 결심함. 그러면서도 충직한 학자답게 정치관과 언어학 교실을 엄격히 구분함. 렉싱턴 지역으로 이사해 지금까지 살고 있음. 학자들 사이에서 좌파라고 밝히는 것이 유행처럼 번지고 반문화 운동이 확산된 불안한 1960년대에 들어와 민중의 힘이라는 새로운 현상에 주목한 신생 조직들이 생겨남. 각종 정치 행사와 시위에 강연자로 초청받는 일이 잦아짐. 그의 회고에 따르면 "처음 치른 대규모 대중 집회는 1965년 10월 보스턴 커먼 공원에서 열린 행사"임. 이때 베트남전쟁을 찬성하는 반대파에 공격받고 지역 언론으로부터 맹렬하게 비난받음.

1966년(38세) 촘스키는 정치적 행동주의자로서 연설하고 강연한 것, 또 강연하기 위해 조사한 자료에 대해 어마어마한 양의 기록을 자세히 남김. 행동주의 저술가로서 그의 글과 소책자는 어떤 행동주의자의 글보다도 더 많은 독자에게 전해짐. 이해에 행동주의자가 아닌 대중을 상대로 하버드에서 최초로 강연했는데, 마침 힐렐Hillel(세계에서 가장 큰 유대인 대학들의 기관) 집회였고, 이 강연은 이듬해 2월 《뉴욕 리뷰 오브 북스The New York Review of Books》에 〈지식인의 책무Responsibility of Intellectuals〉로 실림. MIT 석좌 교수가 됨. 모리스 할레와 함께 하퍼 앤드 로Harper and Row 출판사에서 '언어 연구 시리즈the Studies in Language Series' 편집. UCLA와 캘리포니아 대학University of California 버클리Berkeley 캠퍼스에서 초빙 교수 지냄.

1967년(39세) 아들 해리Harry 태어남(현재 캘리포니아에서 소프트웨어 개발자로 일함). 징역형을 선고받을 위기에 처함. 아이 셋을 키우며 캐럴이 다시 공부를 시작함. 《뉴욕 리뷰 오브 북스》에 실린 〈지식인의 책무〉를 통해 "지식인은 정부의 거짓말을 세상에 알려야 하며, 정부의 명분과 동기 이면에 감추어진 의도를 파악하고 비판해야 한다"고 역설. 그가 행동하는 지식인으로 각인되는 계기가 됨. 이 매체는 좌파 학자들에게 거의 유일한 언로였는데, 촘스키는 이때부터 1973년까지 꾸준히 기고함. 10월 처음 투옥되어, 그곳에서 베트남전쟁을 다룬 소설 《밤의 군대들The Armies of the Night》로 퓰리처상을 받은 소설가 노먼 메일러Norman Mailer를 만남. 학생비폭력조정위원회Student Nonviolent Coordinating Committee의 폴 라우터Paul Lauter와 의기투합하여 저항조직 레지스트RESIST를 창설함. 10월 21일 펜타곤 외곽을 행진하던 시위대가 헌병대와 충돌하는 바람에 체포당해 노먼 메일러와 함께 구치소에서 하룻밤을 보냄. 당국이 본보기를 남기기 위해 법무부 건물 앞 계단에서 연설한 그는 제외한 채 '보스턴의 5적'을 발표함. 이 재판을 지켜보며 보수 집단이 무슨 짓을 할지 두려움에 휩싸임. 그래도 캐럴은 아이들을 데리고 나가 반전 집회 행진에 참여하고, 매사추세츠의 콩코드에서 여성과 어린이가 참가한 침묵 시위에도 참여함. 이때 캐럴과 두 딸은 통조림 깡통과 토마토 세례를 받음. 런던 대학교University of London에서 명예박사 학위를 받음. 시카고 대학University of Chicago에서 명예 언어학 박사 학위 받음.

1968년(40세) 《언어와 정신Language and Mind》 출간. 오랜 친구이자 동료인 모리스 할레와 함께한 기념비적인 저작 《영어의 음성체계The Sound Pattern of English》 출간. 500여 쪽에 달하는 이 책으로 '음운론'을 거의 완벽히 정리해냄. 12월 〈콰인의 경험론적 가정Quine's Empirical Assumption〉 발표. 캐럴이 하버드 대학교에서 언어학으로 박사 학위를 받음.

1969년(41세) 1월 캐럴이 박사 논문과 같은 주제인 '언어 습득 과정'에 관해 쓴 《언어습득론 *The Acquisition of Syntax in Children from Five to Ten*》을 출간함. 봄에 옥스퍼드 대학의 존 로크 강좌 John Locke Lectures에서 강연함. 9월, 펜타곤에서 연설한 것과 기고문을 모아 《미국의 힘과 신관료들 *American Power and the New Mandarins*》출간. 미국의 베트남전 개입을 신랄하게 규탄한 이 책으로 미국 안팎에서 뜨거운 반응을 얻음.

1970년(42세) 4월 그리스도교 연합교회 목사인 딕 페르난데스 Dick Fernandez, 코넬 대학교 Cornell University 경제학과 교수인 더글러스 다우드 Douglas Dowd 와 함께 하노이 방문. 폭격이 잠시 중단된 틈을 타, 폭격의 피해를 입지 않은 하노이 폴리테크닉 대학교 Polytechnic University에서 강연. 이 강연 여행은 지하운동과 민중운동 쪽에서 큰 화제가 됨. 영화배우이자 반전운동가 제인 폰더 Jane Fonda가 하노이를 방문했을 때 '반역'이라 비난받자 대국민 사과를 한 것과 비교하면 비교적 알려지지 않은 채 넘어감. 이후로도 논란이 될 만한 해외여행은 하지 않음. CIA(미국중앙정보국) 용병부대의 폭격 탓에 항아리 평원 Plain of Jars에서 쫓겨난 라오스 난민들을 인터뷰해 《아시아와의 전쟁 *At War With Asia*》출간. 이 책에서 그는 미국은 베트남전쟁에서 주된 목표를 이루었으며 그 대표적인 예가 FBI가 실행한 반첩보 프로그램인 코인텔프로 COINTELPRO라고 지적함. MIT 출판사가 창간한 학술지 《언어학 탐구 *Linguistic Inquiry*》의 편집위원회를 맡음. 촘스키 언어학을 알리는 수단에 불과하다는 비판도 있었으나 지금은 가장 권위 있는 언어학 학술지로 자리 잡음. 시카고의 로욜라 대학교 Loyola University와 스워스모어 칼리지 Swarthmore College에서 명예박사 학위 받음. 이때부터 1980년대까지 학자로서의 역할에 충실함. 《런던타임스 *The Times of London*》선정 '20세기를 만든 사람'에 이름을 올림.

1971년(43세) 전해 1월 케임브리지 대학^{Cambridge University}에서 한 버트런드 러셀 기념 특강을 모아 《촘스키, 러셀을 말하다^{Problems of Knowledge and Freedom}》 출간. 영국 폰타나^{Fontana} 출판사에서 《아시아와의 전쟁》 출간. 폰타나는 유럽에서 유일하게 《밀실의 남자들^{The Backroom Boys}》(1973), 《국가 이성을 위하여^{For Reasons of State}》(1973), 《중동에서의 평화^{Peace in the Middle East?}》(1975) 등 촘스키 저작을 연이어 출판하면서 그의 이름을 알리는 데 적잖은 역할을 함. 네덜란드 텔레비전 방송국에서 미셸 푸코^{Michel Foucault}와 대담. 평소 프랑스의 포스트모던 철학이 '정치 비평'적 색채를 띠어 철학이 정치적 행동주의처럼 여겨진다는 이유로 프랑스 철학을 경멸했던 촘스키는 푸코의 '포스트모던' 비판에 폭넓게 동의함. 철학자이자 과학자인 데카르트에게서 깊이 영향받은 좀스키의 언어학이 '데카르트 언어학'이라고도 불린 것에 비하면 이례적인 일임. 뛰어난 학자를 지원하는 구겐하임 펠로십^{Guggenheim fellowship} 수상. 바드 칼리지^{Bard College}에서 명예박사 학위 받음.

1972년(44세) 캐럴이 하버드 교육대학원에서 교편을 잡고 1997년까지 가르침. 델리 대학^{Delhi University}에서 명예 학위를 받음. 4월 1일 뉴델리 대학^{University of New Delhi}에서 네루^{Nehru} 추모 특강을 함. 5월 《언어와 정신》 개정판 출간.

1973년(45세) 《국가 이성을 위하여^{For Reasons of State}》 출간. 베트남전쟁과, 닉슨^{Richard Milhous Nixon}의 부관 헨리 키신저^{Henry Alfred Kissinger}가 비밀리에 캄보디아를 폭격한 사실을 알리기 위해 처음으로 허먼과 함께 《반혁명적 폭력: 대학살의 진상과 프로파간다^{Counter-Revolutionary Violence: Bloodbaths in Fact and Propaganda}》를 저술함. 출간을 코앞에 두고 워너커뮤니케이션스^{Warner Communications}의 간부가 "존경받는 미국인들을 아무 근거 없이 상스럽게 비난한 거짓말로, 명망 있는 출판사에서 낼 만한 책이 아니"라는 이유로 출간 보류함. 개정하고 글을 추가해 사우스 엔드 프레스^{South End Press}에서 1979년《인권의 정치경제학 *The Political Economy of Human Rights*》으로 출간함. 매사추세츠 대학교^{University of Massachusetts}에서 명예박사 학위 받음. 닉슨의 '국가의 적^{Enemies List}' 명단에 이름이 올라 있는 것이 밝혀짐.

1974년(46세)《반혁명적 폭력》의 프랑스어판 출간. '프랑스 좌파의 이데올로기적 욕구를 만족시키기 위한 오역이 난무한다'고 자평함.

1975년(47세) 3월《중동에서의 평화》출간. 정치적 행동주의가 담긴 책들은 출간이 어려웠으나 언어학 연구서들은 학계에서 주목받으며 널리 읽힘. 6월《'인권'과 미국의 대외 정책 *'Human Rights' and American Foreign Policy*》출간. 박사 논문을 고쳐 실질적인 첫 저작이라 할《언어 이론의 논리적 구조 *The Logical Structure of Linguistic Theory*》출간. 1월에 진행한 캐나다 온타리오의 맥마스터 대학교^{McMaster University} 휘든 특강^{Whidden Lectures}에 시론을 덧붙인 언어학 고전《언어에 대한 고찰 *Reflections on Language*》출간.

1976년(48세) MIT에서 인스티튜트 프로페서^{Institute Professor}(독립적인 학문기관으로 대우하는 교수)로 임명됨. 학자로서 최고의 전성기를 맞음. 이해부터 동티모르에 대해 끊임없이 문제를 제기하고 3년 뒤 책으로 엮음.

1977년(49세) 봄,《리바이어던 *Leviathan*》과의 인터뷰에서 "미국은 제2차 세계대전 이후 일관된 정책을 유지했는데, 그것은 서남아시아의 에너지 자원을 확실하게 통제하려는 것이다"라고 함. 11월 네덜란드 레이던 대학^{University of Leiden}에서 하위징아^{Huizinga} 추모 특강.

1978년(50세) 이듬해까지 유엔 탈식민지위원회에 출석해 동티모르의 상황을 증언함(후에 출간). 11월 콜롬비아 대학에서 우드브리지^{Woodbridge} 특강.

1979년(51세) 1월 스탠퍼드 대학에서 칸트^{Immanuel Kant} 강의. 주로 언어학, 언어학과 철학을 결합시킨 것, 그리고 정치적 행동주의를 주제로 한 강연을 함.

이 세 주제를 넘나들며 진행한 인터뷰가《언어와 책무: 미추 로나와의 대화_Language and Responsibility: Based on Interviews with Mitsou Ronat_》로 출간됨. 5월 리스본까지 달려가 동티모르의 위기를 다룬 첫 국제회의에 참석. 1980년대 초에도 리스본에서 동티모르 난민들을 만나고, 이후 오스트레일리아의 지원단체 및 난민들과 가까운 관계를 유지함. 촘스키는 동티모르와 관련된 대부분의 정보를 오스트레일리아 친구들에게서 얻음. 전해 우드브리지 특강을 바탕으로 한《규칙과 표상_Rules and Representations_》출판. 1980년대에 언어학에서 타의 추종을 불허하는 탁월한 철학자로 우뚝 섬. 정치철학과 현대 프랑스 철학에 휩쓸리지 않으면서 자신만의 언어철학을 완성해감. 언어가 인간 행위에 영향을 미치며 언어 능력이 세상을 변화시키고 더 낫게 만들어나가는 궁극적인 도구라고 본 촘스키는《규칙과 표상》에서 언어는 보편적으로 학습된다는 인지언어학_conitive linguistics_으로부터 생물언어학을 구별 정립함. 1951년에 쓴 석사논문이《히브리어의 형태소론_Morphophonemics of Modern Hebrew_》으로 출판됨.〈나치의 쌍둥이: 안보국가와 교회_The Nazi Parallel: The National Security State and the Churches_〉라는 도발적인 제목의 시론 발표. 라틴아메리카의 교회, 특히 브라질 교회가 저항의 중심이 될 것이라 낙관함. 이 글과 함께《반혁명적 폭력》을 개정, 보완한《인권의 정치경제학》(전 2권)을 에드워드 허먼과 함께 출간. 1권《워싱턴 커넥션과 제3세계 파시즘_The Washington Connection and Third World Fascism_》(2권은《대격변 이후: 전후 인도차이나와 제국주의적 이데올로기의 부활_After the Cataclysm: Postwar Indochina and the Reconstruction of Imperial Ideology_》)은 누설된 기밀 문서를 광범위하게 다루는데, 오스트레일리아에서 엄청난 판매고를 올림. 출판이 금지된 데다 책을 보관했던 창고가 원인 모를 화재로 전소되었기 때문. 프랑스 학자 로베르 포리송_Robert Faurisson_이 나치의 유대인 학살과 학살이 자행된 가스실이 존재하지 않았다는 논문을 쓰고 '역사 왜곡죄'로 재판받을 위기에 처하자 '표현의 자유'를 이유로 500여 명의 지식인들과 함께 탄원서를 제출함. 마치 포리송의 주장을 지지하는 듯이 비쳐 프랑스에서는 '나치주의자'로 몰리고, 이듬해까지 이어진 이 사건에서 촘스키는 '정치적 올바름political correctness'의 문제로 논란의 중심에 섬.

1980년(52세) 《뉴욕타임스》에 동티모르에 관한 논설을 기고할 기회를 얻고, 《보스턴글로브The Boston Globe》를 설득해 미국에서는 처음으로 동티모르에 대한 진실을 보도하도록 유도함. 1980년대 레이건 행정부 때는 분쟁 지역마다 쫓아다니며 정치적 견해를 피력함. 서벵골의 비스바-바라티 대학교Visva-Bharati University 명예박사 학위 받음.

1981년(53세) 1970년대에 작업한 '확대 표준 이론Extended Standard Theory, EST', '수정 확대 표준 이론Revised Extended Standard Theory, REST'에 이어, 1980년대 들어 중견 언어학자로 성장한 제자들이 촘스키의 언어학을 수정, 확대함. 그 중심에 서서 혁신적인 변화를 꿈꾸며 《지배와 결속에 대한 강의: 피사 강의Lectures on Government and Binding: The Pisa Lectures》(일명 'GB') 출간.

1982년(54세) 어떤 압력에도 굴하지 않고 계속 용기 있게 글을 써, 이해에만 대외적으로 150편이 넘는 글을 발표함. 해외에서도 즐겨 찾는 연사로 꼽혀 여행이 잦아짐. 대중적 인지도가 높아지면서 사생활을 지키기가 힘들어짐. 학자로서 성공했음에도 정치적 행동주의자로서 여전히 주류 세계에 편입하지 않고 많은 시민운동을 조직하며 활동함. 주류 학계와 정계에서는 그와 일정한 거리를 두려고 발버둥침. 동티모르에 대한 기본적인 내용을 담은 《새로운 냉전을 향하여Towards a New Cold War》 출간. 시러큐스 대학Syracuse University 초빙 교수 지냄. 《근본적인 우선순위Radical Priorities》 출간.

1983년(55세) 이스라엘과 서남아시아에 대한 그의 견해를 집약한 《숙명의 트라이앵글*The Fateful Triangle*》출간. 이 책에서 주류 언론에서 보도하지 않은 미국의 범죄를 낱낱이 나열함.

1984년(56세) 미국 심리학회로부터 '특별 과학 공로상*distinguished scientific contribution*' 수상. 11월 인도의 두 젊은이(라마이아*L. S. Ramaiah*와 찬드라*T. V. Prafulla Chandra*)가 촘스키의 출판물 목록을 최초로 정리해 출판함(《노엄 촘스키: 전기*Noam Chomsky: a Bibliography*》). 직접 쓴 것이 180종이 넘고, 그를 다룬 출판물의 수는 그 두 배에 달함. 펜실베이니아 대학교에서 명예박사 학위 받음.

1985년(57세) 《흐름 바꾸기: 미국의 중앙아메리카 개입과 평화를 위한 투쟁*Turning the Tide: U. S. Intervention in Central America and the Struggle for Peace*》출간.

1986년(58세) 《언어 지식: 그 본질, 근원 및 사용*Knowledge of Language: Its Nature, Origin, and Use*》출간. 3월 니카라과 마나과를 방문해 1주간 강연함. 강연 도중 미국이 니카라과를 비롯해 중남미에서 저지른 만행을 고발하며 미국 시민이란 것에 수치심을 느껴 눈물을 흘림. 언어학 분야에서는 '원리와 매개변인*principle*'에 대한 탐구 등 GB 이론을 더 정교하게 다듬은 《장벽*Barriers*》(1986)을 '언어학 탐구 모노그래프' 시리즈의 13권으로 발표. 얄팍한데도 지나치게 전문적이어서 대학원생은 물론 언어학자까지 당혹스러워했지만, 언어학의 발전 방향을 제시함. 《해적과 제왕: 국제 테러리즘의 역사와 실체*Pirates and Emperors: International Terrorism in the Real World*》출간.

1987년(59세) 니카라과 마나과 강연을 모아 《권력과 이데올로기: 마나과 강연*On Power and Ideology: The Managua Lectures*》출간. 아침에 한 강연만 따로 모은 《지식의 문제와 언어: 마나과 강연*Language and Problems of Knowledge: The Managua Lectures*》도 출간. 이 책으로 '평이한 언어로 정직하고 명료하게 뛰어난 글을 쓴 공로*Distinguished Contributions to Honesty and Clarity in Public Language*'를 인정받아 미국 영어교사 위원회*National Council of Teachers* of English가 주는 오웰상Orwell Award을 받음. 사우스 엔드 프레스의 공동 설립자인 마이클 앨버트Michael Albert와 리디아 사전트Lydia Sargent가 《Z 매거진Z Magazine》 창간. 촘스키를 필두로 진보적 지식인들의 글 게재, 이후 인터넷에서 정치적 행동주의자들의 언로 역할을 함.

1988년(60세) 에드워드 허먼과 함께 《여론조작: 매스미디어의 정치경제학Manufacturing Consent: The Political Economy of the Mass Media》 출간. '여론조작'은 칼럼니스트 월터 리프먼Walter Lippmann에게서 차용한 개념. 이 책으로 또 한 번 미국 영어교사 위원회로부터 오웰상 받음(1989년). 시론 〈중앙아메리카: 다음 단계Central America: The Next Phase〉에서 니카라과를 비롯한 중앙아메리카에 대한 미국의 공격을 '국가 테러'라고 고발함. 파시스트와 민주 세력 사이에서 교회가 선한 역할을 맡을 것이라 낙관하면서도 늘 기독교 근본주의를 호되게 비판함. '기초과학 교토상Kyoto Prize in Basic Sciences' 수상. 《테러리즘의 문화The Culture of Terrorism》 출간. 7월 이스라엘이 점령한 팔레스타인 지역 방문. 예루살렘 근처 칼란디야 난민촌Kalandia refugee camp에 잠입했다가 이스라엘군에게 쫓겨남.

1989년(61세) 《여론조작》에 이어 미국, 미국과 비슷한 민주 국가들을 신랄하게 비판한 《환상을 만드는 언론Necessary Illusions: Thought Control in Democratic Societies》 출간.

1991년(63세) 《민주주의 단념시키기Deterring Democracy》 출간.

1992년(64세) 《미국이 진정으로 원하는 것What Uncle Sam Really Wants》 출간. 캐나다의 언론인 마크 아크바르Mark Achbar와 피터 윈토닉Peter Wintonick이 《여론조작》을 기초로 만든 다큐멘터리 〈여론 조작: 노엄 촘스키와 미디어Manufacturing Consent: Noam Chomsky and the Media〉가 11월 오스트레일리아에서 처음 상영됨. 아크바르는 이 작품으로 20대 초반 젊은 영화인들에게 주는 '더 듀크 오브 에든버러 인터내셔널 어워드The Duke of Edinburgh's International Award'를 수상했고, 이 작품은 2003년 차

기작이 나오기 전까지 캐나다 역사상 가장 성공한 다큐멘터리로 기록됨.

1993년(65세) 《부유한 소수와 불안한 다수 _The Prosperous Few and the Restless Many_》(데이비드 바사미언 _David Barsamian_ 인터뷰) 출간. 허울 좋은 명분 아래 풍부한 자원과 잠재력을 지닌 중남미 대륙과 아프리카, 아시아를 미국이 정치·경제적으로 어떻게 식민지화했는지 밝히고 "도덕은 총구로부터 나온다"는 미국의 오만한 역사 의식을 신랄하게 비판한 《507년, 정복은 계속된다 _Year 501: The Conquest Continues_》 출간.

1994년(66세) 《비밀, 거짓말 그리고 민주주의 _Secrets, Lies and Democracy_》 출간. 1991년 11월 말 말레이시아계 뉴질랜드 학생이자 오스트레일리아 구호단체 소속 카말 바마드하즈 _Kamal Bamadhaj_가 동티모르에서 인도네시아 헌병대 총에 등을 맞는 치명상을 입고 결국 사망함. 그의 어머니 헬렌 토드 _Helen Todd_ 기자가 범인을 법정에 세우고자 투쟁을 벌인 4년간 그녀와 계속 연락을 주고받으며 격려함. 연루된 장군 중 한 명이 하버드 대학교에 다닌다는 사실이 밝혀지자 보스턴의 행동주의자들이 하버드 대학 당국에 항의 시위하여 결국 토드가 승소함.

1995년(67세) 동티모르 구호협회 _ETRA_와 저항을 위한 동티모르 국가 평의회 _CNRM_의 초청으로 9일간 오스트레일리아 방문. 수도 캔버라에서 난민들을 대상으로 강연하고 멜버른과 시드니에서 대규모 집회를 조직함. 생물언어학을 치밀하게 실행에 옮기고자 규칙을 최소화함으로써 강력한 설명력을 띤 소수의 원리 체계로 언어 메커니즘을 분석한 《최소주의 프로그램 _The Minimalist Program_》 출간. 이 '최소주의 프로그램'에 모든 인간이 생득적으로 갖고 있는 모든 언어에 내재한 '보편문법 _Universal Grammer, UG_'을 적용해 언어학을 발전시킴.

1996년(68세) 캐럴 은퇴, 촘스키의 실질적인 매니저로 활동. 전해 오스트레일리아에서 연 강연들을 모아《권력과 전망*Powers and Prospects*》펴냄.

1997년(69세) 《미디어 컨트롤: 프로파간다의 화려한 성취*Media Control: The Spectacular Achievements of Propaganda*》출간(〈화성에서 온 언론인*The Journalist from Mars*〉을 추가해 2002년 개정판 출간).

1998년(70세) 《공공선을 위하여*The Common Good*》(데이비드 바사미언 인터뷰) 출간.

1999년(71세) 《숙명의 트라이앵글》개정판 출간. 에드워드 사이드*Edward Said*는 서문에서 "인간의 고통과 불의에 끊임없이 맞서는 숭고한 이상을 지닌 사람에게는 무언가 감동적인 것이 있다"며 촘스키의 '숭고한 이상'을 피력함. 《그들에게 국민은 없다: 촘스키의 신자유주의 비판*Profit over People: Neoliberalism and Global Order*》출간. 그의 장기적 연구가 컴퓨터와 인지과학*Computer and Cognitive Science* 분야의 성장에 기여했다는 이유로 벤저민프랭클린 메달*Benjamin Franklin Medal* 수상. 헬름홀츠 메달*Helmholtz Medal* 수상.

2000년(72세) 《신세대는 선을 긋는다: 코소보, 동티모르와 서구의 기준*A New Generation Draws the Line: Kosovo, East Timor and the Standards of the West*》출간. 《언어와 정신 연구의 새 지평*New Horizons in the Study of Language and Mind*》출간. 《불량 국가*Rogue States: The Rule of Force in World Affairs*》출간. 이 책에서 서방 강국, 그중에서도 미국이 어떻게 각종 국제적 규범에서 면제되는 것처럼 행동해왔는지, 또한 이런 경향이 냉전 종식 이후 어떻게 더 강화돼왔는지를 면밀히 밝힘. 또 라틴아메리카, 쿠바, 동아시아 등지에서 미국이 저지른 만행과 치명적인 결과를 구체적인 자료와 실증을 통해 적나라하게 보여줌. 여기서 미국이 테러의 표적이 된 이유를 차근차근 설명하는데, 미국은 이라크, 북한, 쿠바 등을 '불량 국가'로 분류하지만 오히려 국제 질서 위에 군림하면서 국제 규범을 무시하는 미국이야말로 국제사회의 '불량 국가'라고 규정함. 《실패한 교육과 거짓말*Chomsky on Mis-education*》

(2004년 개정판), 1996년의 델리 강연을 엮은 《언어의 구조 *The Architecture of Language*》 출간.

2001년(73세) 5월 경제적 이익을 위해 폭력을 무수히 행사하는 부시 정부에 대해 어정쩡한 태도를 보여 비난받기도 함. '미국과 테러'에 대한 견해를 소상히 밝힌 《프로파간다와 여론: 노엄 촘스키와의 대화 *Propaganda and the Public Mind: Conversations with Noam Chomsky*》(데이비드 바사미언 인터뷰) 출간. 배타적 애국주의로 치닫는 미국의 주류 언론과 지식인을 비판하면서 미국 정부와 언론의 프로파간다 공세 뒤에 가려진 진실과 국제 관계를 보는 새로운 시각을 전함. 9·11테러 이후 인터뷰 요청이 쇄도해 9월부터 10월 초까지 많은 인터뷰를 함. 이를 모은 책 《촘스키, 9-11 *9-11*》이 이듬해 페이퍼백 부문 베스트셀러 1위를 차지함. 10월 프랑스에서 《촘스키, 누가 무엇으로 세상을 지배하는가 *deux heures de lucidité*》(드니 로베르 *Denis Robert* 와 베로니카 자라쇼비치 *Weronika Zarachowicz* 인터뷰) 출간. 표현의 자유와 포리송 사건에 대한 공식 입장을 표명함. 12월 인도 델리에서 인도의 경제학자 라크다왈라 *Lakdawala* 추모 강연을 함(2004년 《인도의 미래 *The future of the Indian past*》로 출간됨).

2002년(74세) 1월 세계경제포럼 *World Economic Forum* (다보스포럼)에 대항한 NGO(비정부기구)들의 회의인 세계사회포럼 *World Social Forum* (브라질 프로투알레그리 *Porto Alegre*)에 참석. 2월 촘스키 책을 출간했다는 이유로 반역죄로 기소된 터키 출판인의 재판에 공동 피고인으로 참석하기 위해 터키 방문. 출판인이 공동 피고인이 되어달라고 부탁했고 촘스키가 기꺼이 요청을 받아들인 것으로, 재판부는 국제사회에 이런 사실이 알려질까 두려웠는지 첫날 기소를 기각함. 쿠르드족을 찾아다니며 그들의 인권을 강력하게 옹호하는 말과 글을 계속 발표함. 1월 23일 뉴욕에서 열린 미디어 감시단체 페어 *FAIR* 의 창립 15주년

축하 강연 내용을 기반으로 《미디어 컨트롤》 개정판 출간. 《촘스키, 세상의 물음에 답하다 ^{Understanding Power: The Indispensable Chomsky}》, 《자연과 언어에 관해 ^{On Nature and Language}》 출간.

2003년(75세) 《중동의 평화에 중동은 없다 ^{Middle East Illusions}》(《중동에서의 평화》 포함) 출간. 《촘스키, 사상의 향연 ^{Chomsky on Democracy and Education}》(C. P. 오테로 ^{C. P. Otero} 엮음) 출간. 브라질에서 열린 세계사회포럼에 참석. 라틴아메리카 사회과학위원회 ^{CLASCO} 회장의 초청으로 쿠바 방문. 귀국 후 쿠바에 가한 미국의 금수 조치를 격렬히 비난함. 인도의 시민운동가이자 소설가 아룬다티 로이 ^{Arundhati Roy}는 〈노엄 촘스키의 외로움 ^{The Loneliness of Noam Chomsky}〉이란 글에서 "촘스키가 이 세상에 기여한 공로 중 하나를 고른다면 아름답고 밝게 빛나는 '자유'라는 단어 뒤에 감춰진 추악하고 무자비하게 조작되는 세계를 폭로한 것"이라고 말함. 미국 정치·경제 엘리트들의 '제국주의적 대전략 ^{imperial grand strategy}'을 완벽히 해부한 《패권인가 생존인가 ^{Hegemony or Survival: America's Quest for Global Dominance}》 출간. 9·11사태로 희생된 사람은 3,000명 남짓이지만, 미군의 직접적인 테러로 희생된 사람은 서류로만 봐도 수십만 명에 이른다고 주장하는 바람에 미국 우익과 자유주의자 모두의 분노를 폭발시켜 지식인 사회가 크게 동요함. 마크 아르바르 등이 촘스키 등을 인터뷰해 만든 다큐멘터리 〈기업 ^{The Corporation}〉 출시.

2004년(76세) 이듬해까지 이탈리아의 피렌체와 볼로냐, 그리스의 테살로니키, 아테네, 헝가리, 영국의 런던, 옥스퍼드, 맨체스터, 리버풀, 에든버러, 독일의 올덴부르크와 베를린, 라이프치히, 슬로베니아의 류블랴나, 크로아티아의 노비그라드, 북아메리카 등 전 세계 각지에서 강연함. 학자 9명이 촘스키의 논리적 허구와 사실 왜곡을 신랄하게 짚은 《촘스키 비판서 ^{The anti}

^{chomsky reader}《》출간. 이때까지 촘스키가 등장하는 영화만 28편에 이름.

2005년(77세) 《촘스키, 미래의 정부를 말하다^{Government in the Future}》출간. 2003년 캐나다를 방문한 촘스키의 1주간의 행적을 담은 DVD 〈노엄 촘스키: 쉬지 않는 반항자^{Noam Chomsky: Rebel without a Pause}〉 출시. 《촘스키의 아나키즘^{Chomsky on Anarchism}》(배리 페이트먼^{Barry Pateman} 엮음) 출간. 인터뷰집 《촘스키, 우리의 미래를 말하다^{Imperial Ambitions: Conversations on the Post-9/11 World}》(데이비드 바사미언 엮음) 출간. 10월 《가디언^{The Guardian}》이 선정한 '세계 최고의 지식인' 1위로 뽑힘. 이때까지 받은 명예 학위와 상이 30여 개에 이름. MIT에서 열린 컴퓨터 언어학 세미나에 참석. 더블린의 유니버시티칼리지^{University College}의 문학과 사학회^{Literary and Historical Society}의 명예회원이 됨. 11월 《포린 폴리시^{Foreign Policy}》 선정 '2005 세계 지식인 조사'에서 1위를 차지함. 2위인 움베르토 에코^{Umberto Eco}의 두 배인 4만 표를 받음.

2006년(78세) 5월 《뉴스테이츠먼^{New Statesman}》이 선정한 '우리 시대의 영웅' 7위로 뽑힘. 5월 8일부터 8일간 촘스키 부부와 파와즈 트라불시^{Fawwaz Trabulsi} 등이 레바논을 여행함. 9일 베이루트의 아메리칸 대학교^{American University}에서 '권력의 위대한 영혼^{The Great Soul of Power}'이란 제목으로 에드워드 사이드 추모 강연함. 10일에는 같은 대학에서 '생물언어학 탐구: 구상, 발전, 진화^{Biolinguistic Explorations: Design, Development, Evolution}'라는 주제로 두 번째 강연함. 12일에는 베이루트 함라 거리^{Hamra Street}의 마스라알마디나^{Masrah al Madina} 극장에서 '임박한 위기: 위협과 기회^{Imminent Crises: Threats and Opportunities}'라는 제목으로 강연함. 촘스키의 강연과 인터뷰에, 동행한 사람들과 서남아시아 전문가들의 글을 덧붙이고 캐럴이 찍은 사진을 담아 이듬해 《촘스키, 고뇌의 땅 레바논에 서다^{Inside Lebanon: Journey to a Shattered Land with Noam and Carol Chomsky}》출간. 미셸 푸코^{Michel Foucault}와의 대담집 《촘

스키와 푸코, 인간의 본성을 말하다*The Chomsky-Foucault Debate: On Human Nature*》출간.《촘스키, 실패한 국가, 미국을 말하다*Failed States: The Abuse of Power and the Assault on Democracy*》출간. 배우 비고 모텐슨*Viggo Mortensen*과 기타리스트 버킷헤드*Buckethead*가 2003년에 발표한 앨범 판데모니움프롬아메리카*Pandemoniumfromamerica*를 촘스키에게 헌정함.

2007년(79세) 대담집《촘스키와 아슈카르, 중동을 이야기하다*Perilous Power: The Middle East and US Foreign Policy: Dialogues on Terror, Democracy, War, and Justice*》출간. 뉴욕타임스 신디케이트에 기고한 칼럼을 모아《촘스키, 우리가 모르는 미국 그리고 세계*Interventions*》출간. 바사미언과의 인터뷰집《촘스키, 변화의 길목에서 미국을 말하다*What We Say Goes: Conversations on U.S. Power in a Changing World*》출간. 스웨덴 웁살라 대학*Uppsala University* 카를 폰 린네*Carl von Linné* 기념회로부터 명예박사 학위 받음.

2008년(80세) 2월 골웨이 아일랜드 국립대학교*National University of Ireland, Galway*의 문학과 토론 클럽*Literary and Debating Society*으로부터 프레지던트 메달*President's Medal* 받음.《촘스키 지知의 향연*The Essential Chomsky*》(앤서니 아노브*Anthony Arnove* 엮음) 출간. 12월 대한민국 국방부가 발표한 '2008 국방부 선정 불온서적'에《미국이 진정으로 원하는 것》과《507년, 정복은 계속된다》가 포함됨. 이에 대해 "한국민의 위대한 성취를 거꾸로 되돌리려는 시도"라며 한국 정부 당국을 "독재자 스탈린을 뒤따르는 세력"이라고 강력히 비난함. 12월 19일 평생을 함께한 캐럴 촘스키, 암으로 사망.

2009년(81세) 국제 전문 통번역사 협회*IAPTI* 명예회원이 됨.

2010년(82세) 1월 MIT 크레지 강당*Kresge Auditorium*에서 러시아 출신 작곡가 에드워드 마누키안*Edward Manykyan*과 하버드 대학교 언어학과장 제나로 치에치아*Gennaro Chierchia* 등이 촘스키 가족을 초대해 특별 콘서트를 개최함.《촘스키, 희망을 묻다 전망에 답하다*Hopes and Prospects*》출간. 11월 일란 파페*Illan Pappé*와 대담하여《위기의 가자 지구: 팔레스타인과 벌인 이스라엘 전쟁에 관한 고찰 *Gaza in Crisis: Reflections on Israel's War Against the Palestinians*》출간. 진보한 인문학자에게 수여하는 에리히 프롬상 *Erich Fromm Prize* 수상.

2011년(83세) 케이프타운에서 학문의 자유에 관한 다비 *Davie* 기념 강연함. 3월 9·11 이후 미국과 서구 국가, 서남아시아 국가의 권력 관계와 국제적 협상에 관해 10년간 발전시킨 분석틀을 제시한《권력과 테러: 갈등, 헤게모니 그리고 힘의 규칙 *Power and Terror: Conflict, Hegemony, and the Rule of Force*》출간. 9월 소프트 스컬 프레스 *Soft Skull Press* 의 리얼 스토리 *Real Story* 시리즈 중 베스트셀러 네 권을 모은《세상은 어떻게 움직이는가 *How the World Works*》출간(한국에서는〈촘스키, 세상의 권력을 말하다〉시리즈로 출간).《미국이 진정으로 원하는 것》,《부유한 소수와 불안한 다수》,《비밀, 거짓말 그리고 민주주의》,《공공선을 위하여》가 묶임. 수가 클수록 학자로서의 저명함을 입증하는 '에르되시 수 *Erdös number* '가 4가 됨. 시드니평화상 *Sydney Peace Prize* 수상. 국제전기전자기술자협회 *IEEE* 인텔리전스 시스템 *Intelligent Systems* 의 '인공지능 명예의 전당'에 오름.

2012년(84세) 4월 맥길 대학교 *McGill University* 철학 교수 제임스 맥길브레이 *James McGilvray* 와의 대담집《언어의 과학 *The Science of Language*》출간. 2007년에 낸《촘스키, 우리가 모르는 미국 그리고 세계》에 이어 뉴욕타임스 신디케이트에 기고한 칼럼을 두 번째로 모아 "Making the Future: Occupations, Interventions, Empire and Resistance"라는 제목으로 출간(한국어판은 시대의창에서 2013년 12월에 출간할 예정). 2007년 이후의 칼럼에는 북한 이야기도 포함됨. 전해 11월 월스트리트에서 시작된 '점령하라' 운동에 대한 강연과 대담을 엮어《점령하라 *Occupy*》출간.

2013년(85세) 이모부의 신문 가판대에서 일한 경험 때문인지 오랜 습관이

된, 아침 식사 자리에서 신문 네다섯 개를 읽는 것으로 하루를 시작함. 신문 기사는 그날 강연의 화두가 되고, 자신의 주장을 뒷받침하는 배경이 됨. 1월 《권력 시스템: 글로벌 민주주의 부흥과 미국 제국주의의 새로운 도전 *Power Systems: Conversations on Global Democratic Uprisings and the New Challenges to U.S. Empire*》(데이비드 바사미언 인터뷰) 출간. 8월 미국 외교전문매체 《포린 폴리시》가 정보자유법[FOIA]에 따라 최근 공개한 CIA의 기밀 자료에 따르면, CIA가 1970년대에 촘스키의 행적을 감시했음이 밝혀짐. 9월 영화 제작자이자 탐사 전문 기자인 안드레 블첵 Andre Vltchek과 대담하여 《서구 제국주의에 관하여: 히로시마에서부터 무인 전투 폭격기까지 *On Western Terrorism: From Hiroshima to Drone Warfare*》 출간.

현재 미국국립과학아카데미 National Academy of Sciences, 미국예술과학아카데미 American Academy of Arts and Sciences, 미국언어학회 Linguistics Society of America, 미국철학회 American Philosophical Association, 미국과학진흥협회 American Association for the Advancement of Science 회원이며, 영국학술원 British Academy 통신회원 corresponding fellow, 영국심리학회 British Psychological Society 명예회원 honorary member, 독일 레오폴디나 과학아카데미 Deutsche Akademie der Naturforscher Leopoldina 와 네덜란드 위트레흐프 예술과학회 Utrecht Society of Arts and Sciences 회원. 전 세계 수십 개 주요 대학에서 명예박사 학위를 받음. 58년간 MIT에서 학생들을 가르쳐왔으며 지금까지 120권이 넘는 저서와 1,000편이 넘는 논문을 발표함.

미국이 진정으로 원하는 것
촘스키, 미국이 쓴 착한 사마리아인의 탈을 벗기다

제2차 세계대전 이후로 미국이 세계를 지배한 방식을 촘스키 특유의 신랄하고 냉철한 어조로 비판한다. 유럽과 제3세계, 아시아는 물론이고 카리브 해 연안의 작은 섬나라까지 전 세계의 민주주의의 불꽃을 철저하게 파괴한, 가면을 벗긴 미국 제국주의의 참모습을 촘스키는 기밀문서와 각종 자료를 토대로 분석하고 파헤친다.

문이얼 옮김 | 176쪽 | 값 12,500원

비밀, 거짓말 그리고 민주주의
촘스키, 세계화의 진실과 민주주의의 실상을 밝히다

세계화와 민주주의라는 이름으로 세계 곳곳에서 자행되는 유린의 내막을 촘스키의 시선으로 들여다본다. GATT와 FTA 그리고 신자유주의의 폭력과 자본에 잠식당한 민주주의, 경제 제도, 건강보험과 분배의 불평등 문제를 통해 억압받는 제3세계와 약소국의 실상을 점검하고 세계 민중들의 단결을 촉구한다.

데이비드 바사미언 인터뷰 | 강주헌 옮김 | 280쪽 | 값 14,500원

공공선을 위하여
촘스키, 언론과 결탁한 세계 자본의 위험을 비판하다

오늘날에 비하면 아리스토텔레스의 시대조차 급진적이었다고 할 수 있는 공공선의 문제를 되짚어 지금의 현실을 꼬집는다. 자본이 독재적인 권력을 휘두르는 미국의 비밀을 파헤쳐, 세계 모든 나라를 위협하는 미국 중심의 자본과 언론 권력을 비판한다. 더 나은 세계를 위해 지식인이 해야 할 일 그리고 민중이 할 수 있는 일을 역설한다.

데이비드 바사미언 인터뷰 | 강주헌 옮김 | 240쪽 | 값 14,000원